Patricia Franjkovic

Zukunftsmarkt Weltraumtourismus

Urlaub im All

Diplomica Verlag GmbH

Franjkovic, Patricia: Zukunftsmarkt Weltraumtourismus. Urlaub im All, Hamburg, Diplomica Verlag GmbH 2016

Buch-ISBN: 978-3-95934-974-1
PDF-eBook-ISBN: 978-3-95934-474-6
Druck/Herstellung: Diplomica® Verlag GmbH, Hamburg, 2016
Covermotiv: © pixabay.de

Bibliografische Information der Deutschen Nationalbibliothek:
Die Deutsche Nationalbibliothek verzeichnet diese Publikation in der Deutschen Nationalbibliografie; detaillierte bibliografische Daten sind im Internet über http://dnb.d-nb.de abrufbar.

Das Werk einschließlich aller seiner Teile ist urheberrechtlich geschützt. Jede Verwertung außerhalb der Grenzen des Urheberrechtsgesetzes ist ohne Zustimmung des Verlages unzulässig und strafbar. Dies gilt insbesondere für Vervielfältigungen, Übersetzungen, Mikroverfilmungen und die Einspeicherung und Bearbeitung in elektronischen Systemen.

Die Wiedergabe von Gebrauchsnamen, Handelsnamen, Warenbezeichnungen usw. in diesem Werk berechtigt auch ohne besondere Kennzeichnung nicht zu der Annahme, dass solche Namen im Sinne der Warenzeichen- und Markenschutz-Gesetzgebung als frei zu betrachten wären und daher von jedermann benutzt werden dürften.

Die Informationen in diesem Werk wurden mit Sorgfalt erarbeitet. Dennoch können Fehler nicht vollständig ausgeschlossen werden und die Diplomica Verlag GmbH, die Autoren oder Übersetzer übernehmen keine juristische Verantwortung oder irgendeine Haftung für evtl. verbliebene fehlerhafte Angaben und deren Folgen.

Alle Rechte vorbehalten

© Diplomica Verlag GmbH
Hermannstal 119k, 22119 Hamburg
http://www.diplomica-verlag.de, Hamburg 2016
Printed in Germany

Kurzfassung

Das vorliegende Buch beschäftigt sich mit den aktuellen Entwicklungen im Weltraumtourismus und setzt dabei einen Fokus auf dessen Angebote und den weltweiten Anbietermarkt. Im Rahmen einer konstitutiven Betrachtung wird der Weltraumtourismus zudem hinsichtlich seiner touristischen Kernelemente untersucht. Einen weiteren Schwerpunkt bildet die Nachfrage nach Weltraumtourismus.

Es wird der Frage nachgegangen, wie sich der Markt für Weltraumtourismus gebildet hat, wie dieser aktuell aussieht und sich in Zukunft entwickeln wird und welche Nachfragegruppe sich für diesen Markt erkennen lässt. Ziel ist es zu klären, inwiefern der Weltraumtourismus ein bereits heute existierender Markt ist, ob dieser zukunftsfähig ist und welche Nachfragegruppe sich für Weltraumangebote interessiert.

Neben literarischen und elektronischen Nachweisen stellt ein Experteninterview mit dem europäischen Spezialreiseveranstalter „European Space Tourist" eine ergänzende Informationsquelle dar.

Im Ergebnis wird deutlich, dass sich der Markt für Weltraumtourismus noch am Anfang seiner Entwicklung befindet. Viele Angebote werden bereits seit Jahren beworben, sind aber bis heute noch nicht verwirklicht worden. Aufgrund der noch fehlenden Angebote, kann man aktuell nur von einem terrestrischen und weltraumnahen Weltraumtourismus sprechen. Zukünftige Pläne und Projekte sowie ein großes Interesse der Bevölkerung an einem Weltraumflug lassen auf positive Entwicklungen in der Zukunft schließen. Während sich in der Theorie der sogenannte „extreme" Erlebnistourist klassifizieren lässt, zeigt die Praxis eine eher durchmischte Nachfragegruppe.

Schlagwörter: Weltraumtourismus, Kommerzialisierung, Weltall, Weltraumreise, private Raumfahrt, bemannte Raumfahrt

Abstract

This book deals with the current developments in space tourism and thereby focuses on offers and the worldwide supplier market. Within a constitutive consideration, space tourism is investigated with regard to its touristic key elements. Another central theme is the demand for space tourism.

The paper addresses the questions of how the market for space tourism has developed what stage of development it is currently in, which stage it might reach in the future and what kind of demand groups can be identified for this market. The aims are to clarify how far space tourism is an already existing market, if it is sustainable and which demand group is interested in space-related offers.

Besides literary and electronical resources, the expert interview with the European specialist tour operator „European Space Tourist" is an additional source of information.

The market for space tourism appears to still be at the beginning of its development. For years numerous offers have been advertised without having been realized up to today. As concrete offers are still missing, space tourism can only be described as terrestrial and nearby space. Prospective plans and projects as well as a big interest of the population to travel to space suggest that space tourism will develop in a positive direction in the future. While the extremely adventurous tourist is described in theory, the practice shows a rather mixed demand group.

Keywords: Space tourism, commercialization, space, space travel, private space flight, manned space flight

Inhaltsverzeichnis

Kurzfassung v

Abstract vi

Inhaltsverzeichnis vii

Abbildungsverzeichnis ix

Tabellenverzeichnis x

Abkürzungsverzeichnis xi

1. Einleitung 1

2. Wichtige Meilensteine in der Geschichte der bemannten Raumfahrt 3

    2.1. Juri Gagarin: Der erste Mensch im Weltraum 3

    2.2. Erste bemannte Mondlandung mit Apollo 11 4

    2.3. Die bemannte internationale Raumstation „ISS" 6

3. Konstitutive Betrachtungen im Weltraumtourismus 11

    3.1. Begrifflichkeiten 11

        3.1.1. Der Beginn des Weltraums 11

        3.1.2. Schwerelosigkeit 11

        3.1.3. Abgrenzung des Weltraumtourismus zum Raumfahrttourismus 12

    3.2. Tourismus und Weltraum: Zusammenhänge und Entwicklung 12

        3.2.1. Konstitutive Elemente des Tourismus 12

        3.2.2. Touristische Erschließung des Weltraums 14

        3.2.3. Der Beginn des Weltraumtourismus 15

4. Arten des Weltraumtourismus 19

    4.1. Irdischer Weltraumtourismus 19

    4.2. Weltraumnaher Weltraumtourismus 20

        4.2.1. Parabelflüge 20

        4.2.2. Stratosphärenflüge 22

    4.3. Der Weltraumflugtourismus 24

        4.3.1. Suborbitale Flüge 24

        4.3.2. Orbitale Flüge 25

    4.4. Weltraumaufenthalte 26

    4.5. Sonstige Arten des Weltraumtourismus 26

5. Der weltweite Anbietermarkt im Marktsegment Weltraumtourismus 29

    5.1. Der russische Anbietermarkt 29

    5.2. Der US-amerikanische Anbietermarkt 30

        5.2.1. Der Ansari X-Prize und Virgin Galactic 31

        5.2.2. XCOR Aerospace 34

        5.2.3. Space Adventures 35

    5.3. Der europäische Anbietermarkt 37

    5.4. Der asiatische Markt 38

6. Die Nachfrage nach Weltraumtourismus 43

    6.1. Die Gesellschaft im Wandel – der Abenteuertourismus 43

    6.2. Der „extreme" Erlebnistourist 45

    6.3. Das gesellschaftliche Nachfragepotenzial 45

    6.4. Darstellung der tatsächlichen Nachfrage nach Weltraumtourismus am Beispiel des deutschen Reiseveranstalters „European Space Tourist" 48

7. Der Zukunftsmarkt Weltraumtourismus 51

    7.1. Visionen und Projekte 51

    7.2. Zukünftige Entwicklung des Weltraumtourismus 56

8. Fazit 59

Anhang 61

Literaturverzeichnis 67

Abbildungsverzeichnis

Abbildung 1: Jurij Alexejewitsch Gagarin (1934 – 1968) 4
Abbildung 2: Offizielle Besatzungsmitglieder der Apollo 11 Mission; von links nach rechts: Neil A. Armstrong, Michael Collins, Edwin E. Aldrin 6
Abbildung 3: Edwin E. Aldrin und die Mondlande-einheit "Eagle" auf dem Mond 6
Abbildung 4: Die internationale Raumstation „ISS" 8
Abbildung 5: "First Moon Flight" Mitgliedskarte von Pan Am 17
Abbildung 6: Dennis Tito beim Training für seinen Flug zur internationalen Raumstation 18
Abbildung 7: Arten des Weltraumtourismus 19
Abbildung 8: Ablauf eines Parabelflugs 21
Abbildung 9: Ausblick aus der MIG-29 bei einem "Edge of Space" – Flug 23
Abbildung 10: Erweitertes Modell: Arten des Weltraumtourismus 27
Abbildung 11: Scaled Composites: SpaceShipOne 32
Abbildung 12: Flugverlauf des SpaceShipOne 32
Abbildung 13: Modell: Lynx 35
Abbildung 14: Geplanter Weltraumbahnhof in Singapur 40
Abbildung 15: Modell: Anzahl von Weltraumtouristen in Abhängigkeit vom Preis 47
Abbildung 16: Modell: CST-100 52
Abbildung 17: Modell: Dragon V2 52
Abbildung 18: Modell: Dream Chaser 53
Abbildung 19: Bigelow Expandable Activity Module 54
Abbildung 20: Moonbase Bigelow 55
Abbildung 21: The Future: Alpha Station 55
Abbildung 22: Modell: Commercial Space Station von innen 56
Abbildung 23: Commercial Space Station von außen 56
Abbildung 24: Entwicklung der Passagierzahlen suborbitaler Flüge 57
Abbildung 25: Entwicklung der Passagierzahlen orbitaler Flüge 57

Tabellenverzeichnis

Tabelle 1: Liste aller Weltraumtouristen, die die internationale Raumstation besuchten..............37

Abkürzungsverzeichnis

USA	=	United States of America
UdSSR	=	Union der Sozialistischen Sowjetrepubliken
VAE	=	Vereinigte Arabische Emirate
ISS	=	International Space Station
DLR	=	Deutsches Zentrum für Luft- und Raumfahrt
NASA	=	National Aeronautics and Space Administration
ESA	=	European Space Agency
ISRO	=	Indian Space Research Organisation
FAI	=	Internationale Aeronautische Vereinigung
FAA	=	Federal Aviation Administration
JAXA	=	Japan Aerospace Exploration Agency
CCDev	=	Commercial Crew Development
RKK	=	Rocket and Space Corporation
CMS	=	Kommando- und Servicemodul
MAKS	=	Internationaler Luft- und Raumfahrtsalon
HNWI	=	High Net Worth Individual
HALO	=	High Altitude and Long Range Research Aircraft
SOFIA	=	Stratosphären-Observatorium für Infrarot-Astronomie
DSE	=	Deep Space Expeditions
BEAM	=	Bigelow Expendable Activity Modul
CST	=	Crew Space Transportation
CSG	=	Raumfahrtzentrum Guayana
ca.	=	Circa
min.	=	Minuten
h	=	Stunden
km	=	Kilometer
km/h	=	Kilometer in der Stunde
m	=	Meter
m^3	=	Kubikmeter
m/s	=	Meter in der Sekunde
s	=	Sekunde
t	=	Tonnen
kg	=	Kilogramm

1. Einleitung

Von rund 7,32 Milliarden[1] Einwohnern auf unserem Planeten hatten erst 547 Menschen[2] das Privileg die Erde vom Weltraum aus mit eigenen Augen zu betrachten. Als Donald Williams, ein NASA Astronaut aus den USA, einst von einem Weltraumbesuch zurückkehrte sagte er: „For those who have seen the Earth from space, and for the hundreds and perhaps thousands more who will, the experience most certainly changes your perspective"[3]. Der Weltraum übt seit Jahrhunderten eine Faszination auf die Menschheit aus, dabei ist er Sehnsuchtsort, Projektionsfläche und Gegenstand der forschenden Neugierde gleichermaßen. Seit dem 20. Jahrhundert ist es Menschen möglich in den Weltraum zu fliegen. Mit dem Anbruch des 21. Jahrhunderts öffneten sich neue Möglichkeiten, die es nun auch Privatpersonen erlaubte hinter den irdischen Horizont zu gelangen. Obwohl der Weltraumtourismus bereits begonnen hat, scheint das schwarze Unbekannte für die meisten immer noch unerreichbar zu sein.

Ziel dieser Untersuchung ist es, den aktuellen Entwicklungsstand des Weltraumtourismus sowie zukünftige Projekte und Pläne zu veranschaulichen. Es soll darüber hinaus erörtert werden, welche Nachfragegruppe dem Weltraumtourismus zugeordnet und ob dieser einem breiten Publikum zugänglich gemacht werden kann. Darüber hinaus wird der Weltraumtourismus auf seine Zukunftsfähigkeit untersucht.

Um das aktuelle Weltraumgeschehen nachvollziehen zu können, sollen in einem ersten Schritt die wichtigsten Meilensteine in der bemannten Raumfahrt erläutert werden. Sie bilden die Entwicklungsgrundsteine für den Weltraumtourismus. Nachfolgend sorgt eine begriffliche und konstitutive Erörterung des Weltraumtourismus für ein besseres Verständnis der touristischen Zusammenhänge. Basierend auf dem aktuellen Entwicklungsstand, soll eine Situationsanalyse des Marktsegments die verschiedenen Arten des Weltraumtourismus ausführlicher beleuchten und den weltweiten Anbietermarkt darstellen. Überleitend dazu werden im Rahmen einer Nachfrageanalyse, Einstellungen und Motive der Weltraumtouristen untersucht, sowie das potenzielle Aufkommen betrachtet. In einem letzten Schritt sollen zukünftige, für den Weltraumtourismus relevante Projekte und Pläne vorgestellt werden. In Form eines Fazits werden die Erkenntnisse und Kernaussagen zusammengefasst und ein Ausblick über die wahrscheinliche zukünftige Entwicklung des Weltraumtourismus gegeben.

---

[1] Vgl. Statista (2015): http://de.statista.com/statistik/daten..., [30.05.2015]
[2] Vgl. Virgin Galactic (2015): http://www.virgingalactic.com..., [30.05.2015]
[3] Donald Williams, zitiert nach: Jane Engelsiepen (2013).

Ergänzend zu literarischen und elektronischen Quellen, dient ein Experteninterview mit Thomas Kraus, Gründer und Geschäftsführer des deutschen Reiseveranstalter für Weltraumtourismus „European Space Tourist" als Grundlage.

Der European Space Tourist ist selbsternannt der erste professionelle Reiseveranstalter für Weltraumtourismus in Europa. Ursprünglich im August 1999 als Internet-Versandhandel mit einem kleinen „Space Shop" gegründet, bietet das Unternehmen heute auf drei separaten Internet-Portalen ein breites Spektrum rund um die Themenfelder Weltraumtourismus, Weltraummarketing sowie Weltraum-thematisierter Warenhandel. In Kooperation mit dem US-amerikanischen Unternehmen „Space Adventures", präsentiert und vermittelt der Reiseveranstalter aktuelle Angebote, beschreibt und informiert über die Abläufe und beantwortet themenbezogene Fragestellungen von Interessenten.[4] Insgesamt blickt European Space Tourist auf über 15 Jahre Erfahrungsschatz zurück, dabei war Thomas Kraus bereits vor diesem Zeitraum als Mitarbeiter im Raumfahrtmanagement des Deutschen Zentrums für Luft- und Raumfahrt tätig.[5]

---

[4]Vgl. European Space Tourist (2015): http://european-space-tourist.com/Neuigkeiten, [30.05.2015]
[5]Vgl. Kraus, T. (2015) / Experteninterview (Anhang 1).

2. Wichtige Meilensteine in der Geschichte der bemannten Raumfahrt

2.1. Juri Gagarin: Der erste Mensch im Weltraum

Der Wettlauf zum All war, wie viele andere Entwicklungen in der Menschheitsgeschichte geprägt durch militärische und machtpolitische Aspekte. Im Hintergrund des Kalten Krieges lieferten sich die USA und die damalige Sowjetunion einen jahrelangen Wettstreit hinsichtlich wirtschaftlichen, technischen und politischen Erflogen, um die gegnerische Partei zurückzudrängen. Bereits am 4. Oktober 1957 trumpfte die UdSSR mit dem überraschenden Start des ersten künstlichen Erdsatelliten „Sputnik 1" auf und leitete somit das Zeitalter der Raumfahrt ein. Bereits einen Monat später startete die Raumkapsel „Sputnik 2" mit dem ersten Tier im Weltraum, einer Hündin namens Laika. Trotz intensiver Bestrebungen gelang es den USA erst 1958 mit der UdSSR gleichzuziehen und den insgesamt dritten künstlichen Erdsatelliten „Explorer 1" in den Weltraum zu befördern.[6]

Bereits kurze Zeit später, am 12. April 1961 wurde der erste Mensch in den Weltraum entsandt und umkreiste unseren Planeten. "Der Name des ersten Menschen, der in den Kosmos eindrang, lautet Juri Alexejewitsch Gagarin, ein Bürger der Sozialistischen Sowjetrepubliken"[7]. Die Pioniertat der UdSSR symbolisierte den Sieg über einen Wettlauf um die bessere Position im Weltall und um Prestige. Nur drei Wochen später schickten die Amerikaner den Astronauten Alan Shepard mit der „Mercury Redstone" in den Kosmos. Dieser Versuch mit der Sowjetunion gleichzuziehen gelang zu diesem Zeitpunkt jedoch noch nicht, da die Rakete nicht in den Erdorbit vor dring und eine Erdumkreisung somit nicht möglich war.[8]

Um 09:07 Uhr Moskauer Zeit hob der 27-Jährige Luftwaffenpilot Gagarin mit dem über 4,7 t schweren Raumfahrzeug „Wostok 1" (russisch für Osten) ab und gelang 11 min und 6 s später in die Umlaufbahn der Erde. Der Start erfolgte vom Weltraumbahnhof Tjuratam, dem heutigen Baikonur aus. Nach einer vollständigen Erdumkreisung, zeitlich ausgedrückt nach 106 min, landete er sicher in der Nähe der südwestrussischen Stadt Engels. Aufgrund von Befürchtungen, der Zustand der Schwerelosigkeit könnte negative Auswirkungen auf den Kosmonauten haben, wurde die kugelförmige Kapsel so konzipiert, dass sie sich entweder automatisch oder per Funkbefehl von der Erde aus steuern ließ. Der Pilot selbst genoss seinen Flug mit einem relativ geringen Arbeitspensum. In einem Abstand zwischen 175 km und 307 km zur Erdoberfläche

---

[6] Vgl. Puttkamer, J. (2001), S.13 – 31.
[7] Vgl. WeltN24 (2011): http://www.welt.de/wissenschaft/weltraum/article..., [30.05.2015]
[8] Vgl. Glover, L. / Chaikin, A. / Daniels, P. (2005), S.225 - 231.

berichtete er per Funk über seinen Gesundheitszustand und seine Beobachtungen.[9] Abbildung 1 zeigt Jurij A. Gagarin gekleidet im Weltraumanzug.

Abbildung 1: Jurij Alexejewitsch Gagarin (1934 – 1968)
Quelle: Puttkamer, J. (2001), S. 99, Abb. 7.

Gagarins Mission verlief nahezu problemlos, obwohl Experten eine erfolgreiche Rückkehr Gagarins auf nur unter 50 Prozent schätzten. Gründe für diese niedrige Erfolgsquote waren technische Bedenken, fehlgeschlagene Tier-Testflüge und das Nedelin-Desaster Ende Oktober 1960. Eine Raketenexplosion auf einem geheimen Testgelände in Kasachstan, bei dem rund 100 Menschen ums Leben kamen.[10]

Der Flug zählt zu den größten Erfolgen des sowjetischen Raumfahrtprogramms und gilt als Meilenstein des Wettlaufs ins All zwischen der UdSSR und den Vereinigten Staaten.

2.2. Erste bemannte Mondlandung mit Apollo 11

Nach dem unumstößlichen Erfolg der UdSSR mit dem ersten Mensch im Weltall, gelang es den Vereinigten Staaten nicht nur knapp ein Jahr später durch den Start der Raumkapsel „Mercury-Atlas 6", mit dem Astronauten John Glenn mit der Sowjetunion gleichzuziehen, sondern darüber hinaus, die nächste Etappe der bemannten Raumfahrt, eine Mondlandung im Jahr 1969 zu bewältigen.

---

[9]Vgl. Glover, L. / Chaikin, A. / Daniels, P. (2005), S.225.
[10]Vgl. WeltN24 (2011): http://www.welt.de/wissenschaft/weltraum/article..., [30.05.2015]

Als der US-Präsident John F. Kennedy im Mai 1961 die bemannte Mondlandung noch vor Ablauf des Jahrzehnts zum nationalen Ziel erklärte, schien dies vorerst unrealistisch. In einem relativ kurzem Zeitraum mussten neue Konzepte und umfangreiche Technologien entwickelt werden.[11]

Im Rahmen des sogenannten „Apollo-Programms" wurden unter der Leitung der National Aeronautics and Space Administration, kurz NASA, neue Techniken, darunter das Navigieren und Koppeln im All sowie das Verlassen eines Raumschiffs im Raumanzug erprobt. Viele dieser Tests wurden in der Vorbereitung im Gemini-Progamm durchgeführt. Mit großem Aufwand und nach zahlreichen Rückschlägen feierte die erste bemannte Mondlandung am 20. Juli 1969 zum ersten mal ihren historischen Erfolg. Insgesamt wurde der uns am nächsten liegende Himmelskörper in 9 Expeditionen von 12 Menschen betreten, letztmalig im Jahre 1972.[12]

Das für die Mission entwickelte Raumschiff Apollo 11 startete am 16. Juli 1969 vom Kennedy Space Center in Florida aus Richtung Mond. Hauptbestandteile des Raumfahrzeugs bildeten das rund 31 t schwere Kommando- und Servicemodul „Columbia" sowie das rund 17 t schwere Mondraumschiff „Eagel". Das Kommandomodul diente als Steuerungszentrale für die Mondlandefähre und zugleich als Schlafplatz für die Astronauten. Im Servicemodul wurden die elektrischen Systeme, Lebenserhaltung sowie die Kommunikationszentrale untergebracht. Hier befand sich auch das Haupttriebwerk und der Treibstofftank. Das letzte Bestandteil, die Mondlandeeinheit, konnte vom Mutterschiff abgekoppelt werden und zwei Besatzungsmitglieder zur Oberfläche hin- und rückbefördern. Mit an Bord war (siehe Abbildung 2) der für die Mission ausgewählte Kommandant Neil Armstrong, Edwin „Buzz" Aldrin, Pilot der Mondlandeeinheit „Eagle" sowie Michael Collins, Pilot des CMS, in welchem er während der Mondlandung alleine blieb.[13]

---

[11] Vgl. Puttkamer, J. (2001), S. 161ff.
[12] Ebenda.
[13] Vgl. Glover, L. / Chaikin, A. / Daniels, P. (2005), S. 232 – 235.

Abbildung 2: Offizielle Besatzungsmitglieder der Apollo 11 Mission; von links nach rechts: Neil A. Armstrong, Michael Collins, Edwin E. Aldrin

Quelle: NASA (2015):
http://www.nasa.gov/content/apollo-11-official-crew-portrait,, [30.05.2015]

Abbildung 3: Edwin E. Aldrin und die Mondlandeeinheit "Eagle" auf dem Mond

Quelle: NASA (2015):
http://www.nasa.gov/multimedia/imagegallery/image_feature_616.html, [30.05.2015]

An der Spitze der rund 3000 t schweren Saturn-V-Trägerrakete erreichte Apollo 11 planmäßig 12 min später die Erdumlaufbahn und flog nach eineinhalb Erdumrundungen problemlos zum Mond. Nachdem das Raumschiff drei Tage später erfolgreich den Mondorbit erreichte, setzten Armstrong und Aldrin ihren Flug in Richtung Oberfläche in der Mondladefähre fort. Trotz einiger technischer Schwierigkeiten, die Armstrong dazu veranlassten den „Eagle" manuell und nicht wie geplant per Autopilot zu steuern, landeten sie am 20. Juli sicher auf der Mondoberfläche. Am 21. Juli 1969 betrat Neil Armstrong mit seinem bekannten Ausspruch „That´s one small step for a man, one giant leap for mankind" als erster Mensch den Mond. Ein Ereignis, dass per Live-Übertragung von über 600 Millionen Zuschauern weltweit verfolgt und gewürdigt wurde. Insgesamt verbrachten Armstrong und Aldrin 21 h und 37 min auf dem Mond, davon zweieinhalb Stunden im Freien im Raumanzug. Am 24. Juli 1969 kehrte die Apollo 11 mit rund 22 kg Mondgesteinsproben erfolgreich auf die Erde zurück.[14]

2.3. Die bemannte internationale Raumstation „ISS"

Die internationale Raumstation, kurz ISS ist das teuerste, nichtmilitärische Projekt, dass die Menschheit je begonnen hat. Sie ist ein Beispiel globaler Zusammenarbeit, sowie der erste und bisher größte Außenposten der Menschen im All. In erster Linie dient sie der Erforschung der

---

[14] Vgl. Puttkamer, J. (2001), S. 161ff.

Erde und des Weltraums.[15] Der Flug von Dennis Tito zur ISS vom 28. April bis 6. Mai 2001 wird zudem als Geburtsstunde des Weltraumtourismus gewertet.[16]

Das Konzept zur Erbauung einer Raumstation im All lag der NASA bereits zu Beginn der 60er Jahre vor. Zeitgleich galt die Entwicklung wiederverwendbarer Raketen, der sogenannten „Space Shuttles", die es Astronauten ermöglichen sollten zwischen dem Außenposten und der Erde zu pendeln als gleichermaßen wichtig. Da nicht genügend Geld vorhanden war um beide Projekte parallel zu betreiben, wurde der Bau einer Raumstation um einige Jahre nach hinten verschoben. So war es erneut die Sowjetunion, die im April 1971, zehn Jahre nach Juri Gagarins Pionierflug die erste Raumstation der Welt namens „Saljut" (russisch für Gruß) in den Orbit schickte. Raumstationen wurden zum Mittelpunkt des sowjetischen Raumfahrtprogramms. Von 1971 an starteten die Sowjets insgesamt sieben Saljut-Stationen und sammelten enorme Erfahrungen bezüglich Langzeitaufenthalten im All. Nach Beendigung des Apollo-Programms im Jahre 1972, starteten auch die USA ihre erste Raumstation namens „Skylab". In insgesamt drei Missionen während der Jahre 1973 und 1974, war die Station 171 Tage lang bewohnt und gab der NASA somit eine Vorstellung davon, wie das monatelange Leben in einer Raumstation aussehen würde. 1984 verkündete auch der damalige US-Präsident Ronald Reagan, in Anlehnung an seinen Vorgänger und dessen Aufruf die Erbauung einer ständig bemannten Raumstation innerhalb eines Jahrzehnts zum nationalen Ziel. Während sich die USA zu diesem Zeitpunkt mit der Entwicklung der heutigen ISS, damals noch als „Freedom" bezeichnet auseinandersetzten, kulminierten die Bemühungen der UdSSR im Februar 1986 mit dem Start der modularen Raumstation „Mir" (russisch für Frieden). Im Rahmen eines gemeinsamen Programms der NASA und der russischen Raumfahrtagentur hielten sich zwischen 1995 und 1998 auch US-amerikanische Astronauten an Bord der modularen Station auf. Insgesamt verbrachten 104 Kosmonauten aus zwölf Ländern 4591 Tage, umgerechnet rund 12 Jahre auf der Mir, bevor sie im März 2001 geplant zum Absturz gebracht wurde. 1993 wurde währenddessen das vorerst genannte Projekt „Freedom", welches aus finanziellen Gründen einst kurz vor dem Aus stand zu „International Space Station", kurz ISS umbenannt. 1998 startete das erste ISS-Element, das Zarya-Modul mit Hilfe einer russischen Proton-Rakete ins Weltall.[17]

---

[15]Vgl. Puttkamer, J. (2001), S. 43f.
[16]Vgl. Randolph, J. (2003).
[17]Vgl. Glover, L. / Chaikin, A. / Daniels, P. (2005), S. 250 – 255.

Rund 13 Jahre und 70 Milliarden Euro später ist die ISS offiziell fertiggestellt worden, geforscht wird auf der Station jedoch bereits seit 2001.[18]

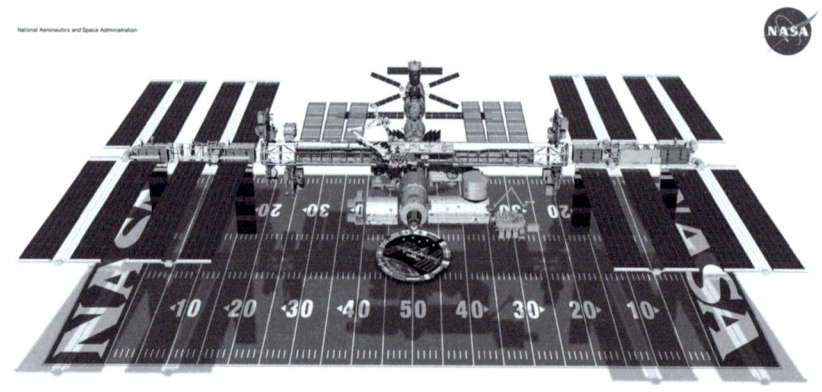

Abbildung 4: *Die internationale Raumstation „ISS"*
Quelle: NASA (2015):
http://www.nasa.gov/sites/default/files/thumbnails/image/693259main_jsc2012e219094_big.jpg, [30.05.2015]

Die ISS umkreist die Erde mit einer Durchschnittsgeschwindigkeit von 32.400 km/h in einer Höhe von circa 400 km. Mit ihren Maßen von 110 m x 100 m x 30 m – das entspricht in etwa der Größe eines Fußballfeldes - ist die wissenschaftliche Forschungsstation zugleich das größte von Menschenhand erbaute Objekt im Weltraum. Seit dem 2. November 2000 ist die Raumstation permanent besetzt. Die jeweiligen Langzeitbesatzungen tragen die Bezeichnung „ISS-Expedition" und eine fortlaufende Zahl. Beginnend mit jeweils nur drei Raumfahrern (Kommandant und zwei Bordingenieure), die sich für sechs bis sieben Monate auf der ISS aufhalten sollten, erhöhte sich seither sowohl die Anzahl der Besatzungsmitglieder, als auch die Aufenthaltszeit.[19] Laut Angaben der NASA soll die Station noch bis zum Jahr 2024 bemannt bleiben.[20]

Schon vor dem internationalen Abkommen 1998 über den Bau und Betrieb der ISS stand fest, dass die amerikanische Raumfahrtbehörde NASA, ihr europäisches Äquivalent, die ESA und

---

[18]Vgl. Österreichischer Rundfunk (2011): http://orf.at/stories/2060726/, [30.05.2015]
[19]Vgl. National Aeronautics and Space Administration (2015): http://www.nasa.gov..., [30.05.2015]
[20]Vgl. Zeit Online (2014): http://www.zeit.de/wissen/2014-01/nasa-iss-bis-2024, [30.05.2015]

Russland das Projekt gemeinsam verwirklichen wollten. Inzwischen sind 16 Staaten[21] an dem Projekt beteiligt.[22]

Insgesamt besuchten bereits 216 Personen aus insgesamt 15 Ländern die internationale Raumstation, sieben davon, darunter der bereits erwähnte Dennis Tito waren Weltraumtouristen. Sie erkauften sich für je etwa 20 Millionen US-Dollar einen Flug mit einer russischen Sojus-Kapsel – dem üblichen Transportschiff zur ISS – und hielten sich jeweils circa zehn Tage auf der Station auf. Zusätzlich zu den gesundheitlichen Grundvoraussetzungen für einen Trip zur ISS, gilt es ein zehnmonatiges Trainingsprogramm zu absolvieren.[23]

---

[21]Russland, USA, Kanada, Japan, Brasilien, Belgien, Dänemark, Deutschland, Frankreich, Großbritannien, Italien, Niederlande, Norwegen, Schweden, Schweiz und Spanien.
[22]Vgl. Süddeutsche Zeitung (2010): http://www.sueddeutsche.de..., [30.05.2015]
[23]Vgl. Space Adventures (2015): http://www.spaceadventures.com/experiences/space-station/, [30.05.2015]

3. Konstitutive Betrachtungen im Weltraumtourismus

3.1. Begrifflichkeiten

3.1.1. Der Beginn des Weltraums

Das Wort „Weltraum" umfasst anders als der Begriff „Weltall", oft nur den Raum außerhalb der Erdatmosphäre beziehungsweise allgemein den Raum fern von Planeten und Mondoberflächen. Da der Übergang von der Erdatmosphäre zum Weltraum fließend ist, soll vorab die Frage „Wo beginnt der Weltraum?" beantwortet werden. Allgemein existieren mehrere festgelegte Grenzen, wobei die Definition der Internationalen Aeronautischen Vereinigung, kurz FAI am Gebräuchlichsten ist. Sie definiert eine Höhe von 100 km über dem Meeresspiegel, der sogenannten Kármán-Linie. Dort ist die Geschwindigkeit, die benötigt wird um Auftrieb zum Fliegen zu erhalten gerade genauso hoch, wie die Umlaufgeschwindigkeit eines Raumflugkörpers, der durch die Schwerkraft der Erde auf einer Kreisbahn gehalten wird. Eine niedrigere Grenze legten die NASA sowie die US Air Force fest. Ihrer Definition nach beginnt der Weltraum bereits in einer Höhe von etwa 80 km (50 Meilen) über dem Boden. Eine völkerrechtliche verbindliche Höhengrenze gibt es jedoch nicht.[24]

3.1.2. Schwerelosigkeit

Der Zustand von Schwerelosigkeit ist ein wichtiger Bestandteil bei einer Reise ins Weltall. Schwerelosigkeit ist dann gegeben, wenn die Schwerkraft eines Gestirns nicht wirkt oder man dessen Auswirkung nicht spüren kann. Da die Reichweite der Schwerkraft prinzipiell unendlich ist, gibt es praktisch keinen Punkt im Universum an dem sie nicht wirkt. Es gibt jedoch Zustände, bei denen die Wirkung der Schwerkraft nicht spürbar ist, wie zum Beispiel bei einem freien Fall im Vakuum, in einem Satelliten sowie der Raumstation ISS und zeitweise beim Parabelflug. Sie zeichnen sich dadurch aus, dass hier nur die Schwerkraft wirkt, welche alle Massepunkte gleich beschleunigt. Das heißt sie unterliegen weder dem Luftwiderstand noch anderen Kräften. Dieser Zustand wird als Mikrogravitation bezeichnet. Diesen Zustand andauernd zu erleben ist, abgesehen von künstlich erzeugter Schwerelosigkeit, nur bei einem orbitalen Flug möglich. Obwohl in der Höhe, in der sich eine Raumstation üblicherweise befindet, noch etwa 90 Prozent der Erdschwerkraft wirken, wird diese für die Astronauten nicht spürbar.[25]

---

[24] Vgl. Ladgevardi, R. (2012), S. 161f.
[25] Vgl. Dorfmüller, T. / Bergmann, L. / Schaefer, C. (1998), S. 160 – 166.

3.1.3. Abgrenzung des Weltraumtourismus zum Raumfahrttourismus

In der kommerziellen Raumfahrtindustrie wird zwischen Weltraum- und Raumfahrttourismus unterschieden. In Bezugnahme auf die Kármán-Linie fallen alle touristischen Angebote, welche die 100-Kilometer-Grenze zum Weltall überschreiten, in die Kategorie des Weltraumtourismus. Momentan bietet nur die internationale Raumstation ISS für Touristen die Möglichkeit sich im Weltraum aufzuhalten. Alternative Konzepte, die es schaffen sollen Touristen in den Weltraum zu befördern, darunter insbesondere Nachfolgemodelle des Space-Shuttles sowie suborbitale Raumgleiter, werden derzeit von mehreren internationalen Luftfahrtzentren und privaten Raumfahrtunternehmen erarbeitet.[26]

Während der Weltraumtourismus ein noch in der Entwicklung befindlicher Zweig hinsichtlich der kommerziellen Nutzung der Raumfahrt ist, existieren bereits mehrere Angebote in der Kategorie des Raumfahrttourismus. Raumfahrttourismus umfasst sekundäre Aktivitäten und Attraktionen, die mit dem Weltraumtourismus im Zusammenhang stehen, das heißt die Thematik „Weltraum" verfolgen. Beispiele sind terrestrische Angebote, wie der Besuch eines Weltraumbahnhofs oder die Teilnahme an einem Astronautentraining, als auch Jet-, Stratosphären- und Parabelflüge, da hier der Weltraum nicht erreicht wird.[27]

Im Folgenden wird die kommerzielle Raumfahrtindustrie, sowohl den Raumfahrttourismus, als auch den Weltraumtourismus im engeren Sinne umfassend, allgemein als Weltraumtourismus bezeichnet.

3.2. Tourismus und Weltraum: Zusammenhänge und Entwicklung
3.2.1. Konstitutive Elemente des Tourismus

Aus der wissenschaftlichen Literatur gehen zum Begriff „Weltraumtourismus" unterschiedliche Definitionen hervor. Um ein einheitliches Verständnis darüber zu erlangen, was unter Weltraumtourismus zu verstehen ist, soll im Folgenden der Tourismus allgemein, sowie dessen konstitutive Elemente bezüglich der Destination Weltraum genauer untersucht werden.

Die Tourismuslehre setzt sich grundlegend mit der Ortsveränderung von Menschen und allen damit zusammenhängenden Phänomenen auseinander.[28] Grundstein und wichtigstes Element der Tourismuslehre ist somit die Reise. Die Welttourismusorganisation definiert Tourismus wie folgt: „Tourismus ist das vorübergehende Verlassen des gewöhnlichen Aufenthaltsortes sowie der

---

[26]Vgl. Goehlich, R. A. (2002), S. 18.
[27]Vgl. Goehlich, R. A. (2007), S. 213 – 215.
[28]Vgl. Freyer, W. (2015), S.2ff.

Aufenthalt in der Fremde aus unterschiedlichen Motiven".[29] Touristische Reisen unterscheiden sich hinsichtlich anderer Arten der Ortsveränderung vor allem bezüglich drei grundlegender Elemente[30]. Diese werden im folgenden in Bezug auf die Destination Weltraum untersucht.

Die Dauer der Reise:

Eine touristische Reise wird zeitlich durch mindestens eine Übernachtung definiert, ansonsten handelt es sich um Ausflüge oder (Tages-)Besuche. Eine Weltraumreise umfasst demnach nur touristische Weltraumflüge mit mindestens einer Übernachtung auf einer Raumstation. Da terrestrische Angebote für Touristen sowie Jet-, Stratosphären- und Parabelflüge nur einige wenige Stunden dauern, fallen sie theoretisch nicht unter die Kategorie „Weltraumreise", selbst wenn man dabei den Weltraum erreichen sollte. Letzteres bezieht sich auf zukünftige suborbitale Flüge, die es Menschen erlauben würden ein paar Minuten im Weltall zu verweilen.

Das Reiseziel:

Der Tourismus setzt laut Definition „das Verlassen des gewöhnlichen Aufenthaltsortes"[31] voraus. Wie bereits erläutert beginnt laut der FAI der Weltraum ab einer Höhe von 100 km über der Erdoberfläche. Im Falle einer Weltraumreise ist dieses Kriterium demnach erfüllt. Strittig hingegen sind die verbleibenden touristischen Flüge in diesem Segment. Während es bei den terrestrischen Angeboten auf die Entfernung der jeweiligen Attraktion ankommt, gibt es keine Richtlinie, abgesehen vom Weltraum, ab welcher Höhe man von einem „neuen Ort" sprechen kann. Ob es sich zum Beispiel bei der Stratosphäre um ein Zielgebiet handelt ist nicht klar definiert.

Die Reisemotivation:

Touristische Reisen werden üblicherweise in der Freizeit und freiwillig unternommen. Typische Motive sind Erholung, Spaß, Kultur und Sport. Geschäftliche Motive, wie jene die Astronauten dazu veranlassen zur ISS zu fliegen um ihre Arbeit zu erledigen, gehören nicht zu den Beweggründen einer touristischer Reise. Weltraumtouristen können sehr unterschiedliche Motive

---

[29] Weltraumtourismusorganisation (1993).
[30] Vgl. Freyer, W. (2015), S.2ff.
[31] Weltraumtourismusorganisation (1993).

haben ins All zu fliegen. Bisherige Weltraumbesucher erfüllten sich meist einen Lebenstraum. Mit einem zunehmend wachsenden Markt, wären insbesondere Motive wie das Erleben eines Abenteuers sowie Weiterbildung eine naheliegende Vermutung.

Groß und Freyer bieten, unter diesen Blickpunkten, eine von der Grunddefinition abgeleitete Beschreibung für den Weltraumtourismus: „Weltraumtourismus ist das vorübergehende Verlassen des gewöhnlichen Aufenthaltsortes sowie der Aufenthalt in der Fremde, hier Weltall, aus touristischen Motiven. Weltraumtourismus im weitesten Sinn sind Reisen, bei denen man die Raumfahrt bzw. den Weltraum zwar hautnah miterlebt, allerdings nicht wirklich ins Weltall fliegt (...). Sofern diese Reisen mit einer Übernachtung verbunden sind und der gewöhnliche Aufenthaltsort verlassen wird, ist es Weltraumtourismus im weitesten Sinne."[32]

Im Folgenden wird diese Definition für den Weltraumtourismus zu Grunde gelegt.

3.2.2. Touristische Erschließung des Weltraums

Um das dargelegte Thema ausführen zu können, ist es nötig touristische Prozesse nachvollziehen zu können. Die touristische Erschließung lässt sich von dem Begriff der Erschließungsdynamik herleiten. Sie umschreibt einen „Prozess, der fortwährenden Erschließung neuer touristischer Zielgebiete, initiiert und aufrechterhalten durch die Nachfrage nach unverdorbenen, (touristisch) unberührten oder authentischen Destinationen (…). Häufig geht die Initiative auch von der Angebotsseite aus: Ein zunächst begrenztes (…) Angebot wird z.B. durch den Hinweis auf Exklusivität und Authentizität aufgewertet"[33]. Ein weiterer wichtiger Faktor im Zuge einer Erschließung ist die Erschaffung einer Infrastruktur.

Um das Zielgebiet „Weltraum" zu erschließen, müssen bestehende Techniken weiterentwickelt werden, und mit deren Hilfe eine Verkehrs-, als auch touristische Infrastruktur geschaffen werden. Beispiele von derartigen Techniken sind Raketenantriebe, die es ermöglichen Menschen in den Weltraum zu befördern sowie die internationale Raumstation „ISS", welche Langzeitaufenthalte im Weltall ermöglicht. Obwohl der Wunsch ins Weltall vorzudringen schon lange existiert, geht die Erschließung dieses Segments nur sehr langsam voran. Bereits seit mehreren Jahren wird intensiv an der Entwicklung eines Raumfahrzeugs gearbeitet. Dabei handelt es sich um ein einstufiges, wiederverwendbares Gefährt, das eine Umlaufbahn erreichen

---

[32] Freyer, W. / Groß, S. (2005), S. 5f.
[33] Bachleitner, R. / Kiefl, W. (2005), S. 54.

kann und wie ein Flugzeug startet und landet. Abgesehen von sicherheitsbezogenen Vorteilen, könnte mit Hilfe derartiger Passagierschiffe die bemannte Raumfahrt erheblich kostengünstiger betrieben werden. Da aktuell noch nicht die technischen Möglichkeiten vorhanden sind, können derartige Vorhaben bislang noch nicht verwirklicht werden.[34]

Aufgrund der hohen Zeit- und Kostenintensität, die der Aufbau einer Infrastruktur, beziehungsweise die Entwicklung neuer Techniken mit sich bringt, konnten bisherige Missionen in den Weltraum nur Mithilfe staatlich subventionierter Einrichtungen realisiert werden. Noch sind Reisen in die Umlaufbahn das seltenste Abenteuer, das man sich kaufen kann. Erst mit der Entwicklung neuer Flugkörper, insbesondere nennenswert suborbitale Raumgleiter, kann und wird der Markt für Weltraumtourismus einen schnellen und starken Aufschwung erleben.[35]

3.2.3. Der Beginn des Weltraumtourismus

Erst nachdem die Voraussetzungen für einen sicheren Flug ins Weltall geschaffen waren und mit der ISS ein orbitaler Aufenthaltsort für Astronauten gegeben war, öffnete sich um die Jahrtausendwende ein neuer Markt, der es auch Privatpersonen ermöglichen sollte, ihren Traum, dem Weltraum ein Stück näher zu kommen zu erfüllen. Neben der vollkommen staatlich subventionierten Wissenschaft entwickelte sich an dieser Stelle ein neuer, von Privatunternehmen aufgebauter Zweig in der Raumfahrt – der Weltraumtourismus. Bereits in Kapitel 2.3 wurde vorweggenommen, dass Dennis Titos Flug zur ISS vom 28. April bis 6. Mai 2001 als Geburtsstunde des Weltraumtourismus gewertet wird.

Der US-amerikanische Geschäftsmann und ehemalige Raumfahrtingenieur hatte dabei jedoch mehrere Hürden zu überwinden. Sein erster Versuch, mit der Sojus-Rakete zur modularen Raumstation „Mir" zu fliegen scheiterte aufgrund der geplanten Deaktivierung der Station im März 2001. Neues Ziel sollte somit die ISS werden. Obwohl Tito bereits seit Sommer 2000 erfolgreich am Kosmonautentraining teilnahm, war die NASA lange Zeit gegen seinen Flug. Es wurde befürchtet, dass der Ablauf der sich noch im Aufbau befindlichen Station gestört werden würde und der Besuch eines Touristen auf der ISS zu gefährlich sein könnte. Da es sich allerdings bei Tito nicht um einen Amateur handelte (er arbeitete jahrelang als Raumfahrtingenieur), konnte er mit Hilfe des US-amerikanischen Unternehmens „Space

---

[34]Vgl. Glover, L. / Chaikin, A. / Daniels, P. (2005), S. 256.
[35]Vgl. Kraus, T. (2015) / Experteninterview (Anhang 1).

Adventures" seinen Traum erfüllen und somit der erste Weltraumtourist in der Geschichte werden.[36]

Die Idee zum Weltraumtourismus kam jedoch viel früher. Bereits 1969, kurz nach der erfolgreichen Apollo 11 Mission, begann die Fluggesellschaft „Pan Am" Ticketreservationen für einen Flug zum Mond anzunehmen. Das Ticket hatte eine außergewöhnlich hohe Resonanz. Insgesamt wurden innerhalb von rund 20 Jahren über 93.000 Reservierungen entgegengenommen.[37] Obwohl zu diesem Zeitpunkt noch keine Zeit, oder gar die technische Möglichkeit vorhanden war, um Touristen kostengünstig und regelmäßig, insbesondere in dieser Größenordnung auf den Mond zu transportieren, sprach der Pressesprecher James A. Arey von Pan Am in den folgenden optimistischen Sätzen: "Flying people to the moon would be normal commercial endeavor (...) Commercial flights to the moon are going to happen. They might not happen next year, they might not happen in five years, but they will happen."[38]

Mit der Aufnahme von Reservierungen wurde der „First Moon Flight" Club gegründet. Mitglieder erhielten eine personalisierte Karte, dargestellt in Abbildung 5, sowie einen informativen Zettel, welcher beschrieb was im Folgenden passieren sollte. Grundlegend bedankte sich die Fluggesellschaft für die Zuversicht und Geduld der Kunden und warnte mit den Worten: „Fares are not fully resolved and may be out of this world. We ask you to be patient while these essentials are worked out"[39].

Wie heute bekannt ist wurden diese Flüge nicht durchgeführt. Die Fluggesellschaft selbst ging aufgrund finanzieller Probleme 1991 Bankrott.[40]

---

[36] Vgl. Randolph, J. (2003).
[37] Vgl. Goehlich, Robert A. (2002), S. 16.
[38] Arey, J. A., zitiert nach: Dallos, R. E. (1985).
[39] Pan Am Moon Flight Letter (Anhang 2).
[40] Vgl. Friedl, H. A. (2002), S.102.

Abbildung 5: "First Moon Flight" Mitgliedskarte von Pan Am
Quelle: Goehlich, R. A. (2002), S.16.

Ein weiteres Beispiel ist das Reedereiunternehmen „Society Expeditions". Im Jahr 1985 bot der Touristikmanager T. C. Swartz eine Gruppenreise ins Weltall an. An Bord des Raumschiffs „Phoenix E", von dem bis dato nur Zeichnungen und vage Konstruktions-Skizzen existierten, sollten am 12. Oktober 1992 die ersten 20 Weltraumtouristen von einer Rampe des US-Raumfahrtzentrums aus in die Erdumlaufbahn starten. Nachdem die Passagiere insgesamt acht Mal die Erde umkreisten und dabei Getränke und Mahlzeiten in absoluter Schwerelosigkeit genießen, sollte das Raumflugzeug nach 12 h wieder auf der Erdoberfläche landen. Die Weltraumreise, auch bekannt unter „Project Space Voyage" wurde für 50.000 US-Dollar pro Person offeriert, dabei musste bei einer Buchung eine Anzahlung von insgesamt rund 7000 US-Dollar geleistet werden.[41] Trotz Swartz Versprechen: „Wir werden den Weltraum für jedermann zugänglich machen"[42], wurde die „Phoenix E" nie gebaut. Das Unternehmen nahm 250 Anzahlungen entgegen. Nur 5000 der 7000 US-Dollar wurden wieder zurückgezahlt.[43]

Abgesehen von der Idee und der Realisierung des Weltraumtourismus, könnte ebenso der terrestrische Weltraumtourismus, beziehungsweise der Raumfahrttourismus als Start dieser Ausprägungsform verwendet werden. Er umfasst alle irdischen Weltraumangebote, wie zum Beispiel Astronomiereisen, Besuche von Space Centern sowie Planetarien und Museen mit Weltraumbezug. Derartige Angebote bieten ein starkes Weltraumerlebnis, ohne dabei ins Weltall zu fliegen. Der Raumfahrtourismus ist Ausdruck einer anhaltenden Begeisterung für das Weltall

---

[41] Vgl. Der Spiegel (1985), S.245.
[42] Swartz, T. C., zitiert nach: Der Spiegel (1985), S.245.
[43] Vgl. van Pelt, M. (2005), S. 34.

und die Raumfahrt und somit Grundlage für einen sich langfristig entwickelnden Weltraumtourismus.[44]

Grundlegend kann der Beginn des Weltraumtourismus auf mehrere Schlüsselereignisse gelegt werden, ausschlaggebend ist die Betrachtungsweise. Für die vorliegende Arbeit soll Dennis Titos Flug als Beginn des Weltraumtourismus festgelegt werden. Abbildung 6 zeigt Tito beim Training für seinen Flug zur internationalen Raumstation.

Abbildung 6: Dennis Tito beim Training für seinen Flug zur internationalen Raumstation

Quelle: In Anlehnung an: Purch (2015):
http://i.space.com/images/i/000/009/284/i02/dennis-tito-space-tourist-training.jpg?1303868998, [30.05.2015]

---

[44]Vgl. Freyer, W. / Groß, S. (2005).

4. Arten des Weltraumtourismus

Die folgende Untergliederung in die verschiedenen Arten des Weltraumtourismus richtet sich nach den Vorgaben von „Haltinner Space Experience", ein 2013 gegründetes Unternehmen mit der Vision „den Weg in den Weltraum für Ideen, Produkte und für die breite Öffentlichkeit zu ebnen".[45] Abbildung 7 zeigt die vier großen Marktsegmente und Sinneinheiten, in die sich Weltraumangebote und -erlebnisse unterteilen lassen.

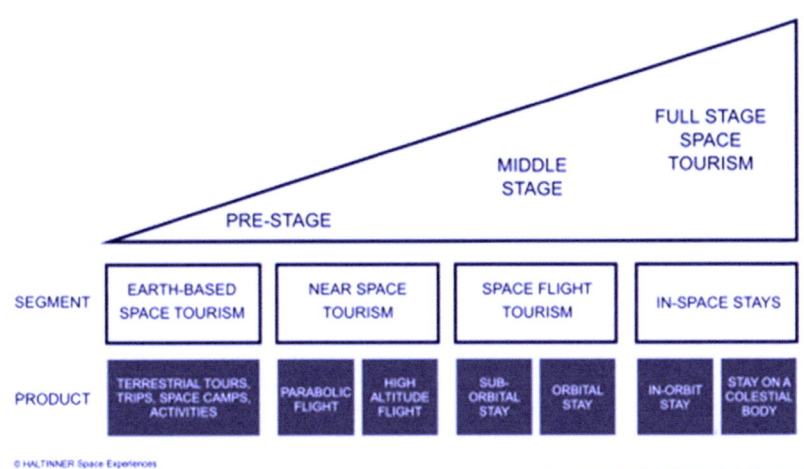

Abbildung 7: Arten des Weltraumtourismus
Quelle: In Anlehnung an: Haltinner Space Experience (o.J.): http://www.space-experiences.com/de/mission-control/neuigkeiten/unser-weg-in-den-weltraum.html, [30.05.2015]

4.1. Irdischer Weltraumtourismus

Der erste Kontakt mit dem Weltraum findet bereits unmittelbar auf irdischem Grund statt. In diesem Sinn können Weltraumerlebnisse ein freizeitlicher Besuch in einem Luft- und Raumfahrtmuseum, sowie der Besuch eines Planetariums oder einer Sternwarte sein. Aber auch Reisen zu Weltraumbahnhöfen[46] wie dem Kennedy Space Center in Florida, oder zu den Startrampen der jährlich stattfindenden Raketenstarts bieten großartige Möglichkeiten, um exklusive Einblicke in die Raumfahrt zu bekommen. Weltraumbahnhöfe, in Russland und China

---
[45] Haltinner Group (2015): http://www.space-experiences.com/de/mission-control/ueb..., [30.05.2015]
[46] Als Weltraumbahnhof oder kurz Raumhafen bezeichnet man unter anderem einen Raketenstartplatz, an dem auch Trägerraketen für orbitale und interplanetare Weltraummissionen starten können. Dabei kann es sich um unbemannte Satelliten- oder Raumsondenstarts oder bemannte Raumflüge handeln. Vgl. Enzyklo (2015): http://www.enzyklo.de/Begriff/Weltraumbahnhof, [30.05.2015]

bezeichnet als „Kosmodrom", existieren weltweit und stellen eine Grundlage für die Durchführung von Weltraumreisen dar. Neben Führungen werden zudem unterschiedliche Trainingsprogramme von mehreren Anbietern bereitgestellt. Beliebte Angebote sind unter anderem das Schwerelosigkeitstraining, bei dem Touristen lernen wie man sich bei Mikrogravitation bewegt und das Überlebenstraining bei der Landung, bei der Notfallsituationen durchgespielt werden. Zusätzlich bieten Kostproben von Astronautennahrung, technische Vorlesungen oder Reparaturen an Raumschiffen sowie viele weitere Weltraumaktivitäten einen tieferen Einblick in die Raumfahrt.[47]

Irdische Angebote mit Bezug zum Weltraum bieten Touristen bereits für wenig Geld die Möglichkeit an dem Erlebnis Weltraum teilzunehmen. Sie lassen sich daher in der Sinneinheit „irdischer Weltraumtourismus" festhalten.

4.2. Weltraumnaher Weltraumtourismus
4.2.1. Parabelflüge

Ein Parabelflug ist, wie der Name bereits sagt, ein Flugmanöver bei dem das Flugzeug eine zur Erdoberfläche geöffnete Parabel beschreibt. Der Zweck dieses Manövers ist das Erreichen von Schwerelosigkeit, beziehungsweise von Mikrogravitationsbedingungen oder die Simulation einer verminderten Schwerkraft, wie sie zum Beispiel auf dem Mond oder Mars vorzufinden ist.[48]

Parabelflüge wurden ursprünglich konzipiert um Astronauten ein Gefühl dessen zu geben was sie im All erwarten, kurz gesagt boten die Flüge ein geeignetes Schwerelosigkeitstraining. Heutzutage werden die Manöver hauptsächlich durchgeführt um wissenschaftliche Experimente sowie Raumfahrttechnologien in der Schwerelosigkeit zu testen.[49] In den vergangenen Jahren nahm auch der kommerzielle Wert dieser Flüge immer mehr an Bedeutung zu.

---

[47]Vgl. Haltinner Group (2015): http://www.space-experiences.com/de/mission-control/neu..., [30.05.2015]
[48]Vgl. Klußmann, N. / Malik, A. (2004), S.186.
[49]Vgl. Friedrich, Ulrike (2014).

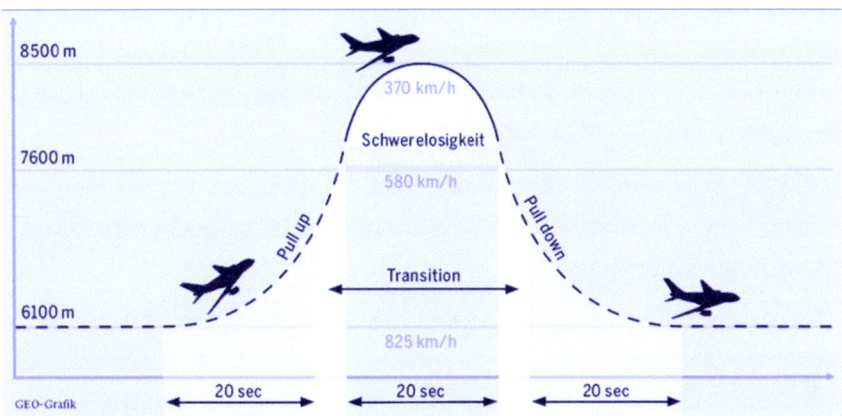

Abbildung 8: Ablauf eines Parabelflugs
Quelle: GEO-Grafik (2006): http://img.geo.de/div/image/51452/12_popup_parabelflug.gif, [30.05.2015]

Die Abbildung 8 verdeutlicht den Ablauf eines Parabelflugs. Sobald die Maschine in der Luft ist, nimmt sie horizontal zur Erdoberfläche ihre maximale Geschwindigkeit auf. In Phase 1 geht das Flugzeug bei einem Neigungswinkel von ca. 47 Grad in den Steilflug über, dabei herrscht in der Maschine ca. doppelte Erdbeschleunigung, das heißt doppeltes Körpergewicht lastet auf den Passagieren. In der kurzwährenden zweiten Phase, der sogenannten Transitionsphase werden die Maschinentriebwerke gedrosselt, sodass der Schub nur den Luftwiderstand ausgleicht. Zu diesem Zeitpunkt ist bereits eine deutliche Schwerkraftabnahme spürbar. Die dritte Phase beschreibt die eigentliche Schwerelosigkeitsphase. Im englischen Sprachgebrauch wird diese mit dem Ausdruck „microgravity" (Mikrogravitation) genauer definiert. Bei dieser Phase steigt das Flugzeug weiter und folgt dabei seiner namensgebenden Form – einer Parabel. Dabei erreicht sie einen Höchstpunkt von zwischen 7000 m und 8500 m Höhe, abhängig vom Flugzeugtyp. Die Vertikalbewegung, die bei diesem Manöver erzeugt wird, wird als freier Fall bezeichnet. Er hat eine Dauer von ca. 22 s und beschreibt einen Zustand der Schwerelosigkeit. In Phase 4 befindet sich die Maschine in der zweiten Transitionsphase. Hierbei steuert der Pilot mit einem Winkel von ca. -47 Grad auf die Erdoberfläche zurück. Dies ermöglicht einen sanften Ausgleich der Schwerelosigkeitsphase, sodass die Passagiere langsam auf den Boden des Flugzeugs zurück kommen. Erst in der fünften und letzten Phase wird die Maschine durch weiteres Ziehen des Höhenruders abgefangen und die Triebwerke hochgefahren, sodass das Flugzeug wie zu Beginn eine horizontale Neigung zur Erdoberfläche einnimmt. Dieser Vorgang wird mehrmals, meist zwischen 15 und 30 mal während eines Fluges wiederholt.[50] Der Parabelflug wird zu Forschungszwecken sowie für Experimente unter Schwerelosigkeit oder zum Astronautentraining eingesetzt. Er kann, zumindest teilweise, die erheblich teuerere und aufwendigere Forschung im Weltall ersetzen.[51]

Parabelflüge wurden auch auf kommerzieller Ebene ein wachsendes Segment. Aufgrund der simulierten Schwerelosigkeit, aber auch der Sicht auf die Erde aus großer Höhe lockt er eine jährlich wachsende Touristenzahl.[52]

Für Touristen ergibt sich folgender Ablauf: Bevor ein Teilnehmer für einen Nullgravitationsflug angenommen wird, müssen vorab schwere gesundheitliche Erkrankungen, darunter Herz- und Kreislauferkrankungen ausgeschlossen werden. Zudem durchlaufen die potenziellen Passagiere ein Trainingsprogramm, bei dem sie auf die Strapazen eines Parabelfluges vorbereitet werden. Sicherheitsbezogene Fragen werden in einem Briefing geklärt. Prinzipiell werden die Schwerelosigkeitsflüge mit modifizierten Linienflugzeugen oder militärischen Transportmaschinen durchgeführt. Da ein Parabelflug weit strapaziöser als ein Linienflug vonstatten geht, kursiert in diesem Zusammenhang die Annahme, dass der menschliche Körper die wechselnden Gravitationskräfte nur schwer verträgt. An dieser Stelle soll allerdings vermerkt werden, dass sich Passagiere in der Vergangenheit nur sehr selten, ca. 1-2 Prozent mit derartigen Problemen auseinandersetzen mussten. Tatsächlich beschreiben die Gäste ihren Flug oftmals mit dem Gefühl der Geborgenheit und Sicherheit.[53]

4.2.2. Stratosphärenflüge

Ein Stratosphärenflug bedingt, wie der Name in sich trägt, das Erreichen der mittleren Schicht der Erdatmosphäre. Sie liegt, je nach Jahreszeit und geographischer Breite, zwischen einer Höhe von etwa acht km in den Polargebieten, beziehungsweise etwa 18 km am Äquator, und 50 km Höhe.[54]

Primär werden Flüge zur Stratosphäre aus Forschungsgründen unternommen. Beispiele hierfür sind das Forschungsflugzeug „High Altitude and Long Range Research Aircraft"[55] (HALO) , welches wissenschaftliche Untersuchungen der Erdatmosphäre vornimmt, sowie das

---

[50]Vgl. Girgenrath, M. (2004), S.38f.
[51]Vgl. Klußmann, N. / Malik, A. (2004), S.186.
[52]Vgl. Kraus, T. (2015) / Experteninterview (Anhang 1).
[53]Ebenda.
[54]Vgl. Klußmann, N. / Malik, A. (2004), S. 22.
[55]Vgl. Deutsches Zentrum für Luft- und Raumfahrt (2012): http://www.dlr.de..., [30.05.2015]

Stratosphären-Observatorium für Infrarot-Astronomie, kurz SOFIA[56], ein fliegendes Teleskop, das die NASA gemeinsam mit dem Deutschen Zentrum für Luft- und Raumfahrt für Infrarotastronomie entwickelt hat.

Da „normale" Flugzeuge nicht genügend Leistung haben um die Stratosphäre zu erreichen, werden die Flüge ausschließlich mit Jets durchgeführt. Aufgrund der enormen Geschwindigkeit, meist zwischen Mach 2 und Mach 3, bieten Jetflüge ein berauschendes Abenteuer in der Luft und werden weltweit für Touristen angeboten. Insgesamt gibt es nur zwei Anbieter, die durch diese Art des Fliegens den Passagieren den Weltraum näher bringen möchten.

Mit einem Flug in der „MIG 29UB Fulcrum", kommerziell besser bekannt als der „Edge of Space" Flug, können Passagiere vom SOKOL Flughafen in Russland aus hoch genug steigen, zwischen 17 und 22 km über Meereshöhe, um die Erdkrümmung zu erkennen und in das Weltall zu blicken (siehe Abbildung 9). Die MIG-29 rast dabei mit Überschallgeschwindigkeit und einer Steiggeschwindigkeit von 330 m in der Sekunde in einer ballistischen Flugbahn auf die Zielhöhe zu. Der Flug dauert ca. 50 min und kostet rund 16.500 Euro.[57]

Abbildung 9: Ausblick aus der MIG-29 bei einem "Edge of Space" – Flug
Quelle: MIGFlug & Adventure (2015): http://www.migflug.com/typo3temp/pics/9105de0220.jpg , [30.05.2015]

Zweiter Anbieter ist das Unternehmen "Country of Tourism". Sie bieten einen bis zu 18 km hohen Stratosphärenflug mit dem „Electric Lightning" Überschall-Kampfjet in der Nähe von Kapstadt, Südafrika an.[58]

---

[56]Vgl. Deutsches Zentrum für Luft- und Raumfahrt (2011): http://www.dlr.de..., [30.05.2015]
[57]Vgl. MIGFlug & Adventures (2015): http://www.migflug.com..., [30.05.2015]
[58]Vgl. Country of Tourism (2015): http://www.bestrussiantour.com..., [30.05.2015]

Einen weiteren kommerziellen Wert bieten zudem die Stratosphärenballons, beziehungsweise Wetterballons, welche in eine Höhe zwischen 25.000 m und 30.000 m steigen. Diese Ballons sind für besonders hohe und ruhige Flüge in die Stratosphäre entwickelt worden. Insbesondere im Marketingbereich stellen sie eine innovative Idee dar, welche es ermöglicht persönliche Gegenstände in den Weltraum zu befördern und diese, mit einer Aussicht von ca. 1000 km, zu fotografieren. Nach ungefähr einer Stunde Flugzeit platzt der Ballon und sowohl die Kamera als auch der beförderte Gegenstand landen langsam und sicher auf einem zuvor berechneten Gebiet.[59]

Am 24. Oktober 2014 stellte der 57-Jährige Alan Eustace einen neuen Höhenweltrekord auf. Der Google-Manager stieg mit einem Ballon auf rund 41 km Höhe an und sprang mit einem Fallschirm auf die Erdoberfläche zurück. Hinter dem Projekt standen mehrere Spezialfirmen unter Leitung von „Paragon Space Development", ein Experte für Lebenserhaltungssysteme im Weltraum. Das Unternehmen ist aktuell am „World View" - Vorhaben beteiligt, bei dem Wissenschaftler oder Weltraumtouristen in Kapseln an Heliumballons in die Stratosphäre fliegen sollen. Bereits ab 2016 soll es zweistündige Weltraumflüge in Druckkapseln mit einem Ausblick auf die Erdoberfläche in der Praxis geben.[60]

4.3. Der Weltraumflugtourismus
4.3.1. Suborbitale Flüge

Bezüglich der Kategorie Weltraumflüge unterscheidet man zwischen orbitalen und suborbitalen Flügen. Ein suborbitaler Flug beschreibt eine Flugbahn, bei der eine Maschine eine große Flughöhe erreicht, aber nicht in die Erdumlaufbahn gelangt. Diese werden durchgeführt um zum Beispiel Raumschiffe und Raketen auf ihre Weltraumtauglichkeit zu testen. Suborbitale Raumschiffe beschleunigen auf rund 3.600 km/h und können eine Flughöhe von rund 110 km erreichen, wobei sie die von der FAI festgelegte Grenze zum Weltraum auf 100 km Höhe passieren.[61]

Die Flugbahn eines solchen Weltraumflugs ähnelt der eines Parabelfluges und ermöglicht auf seinem höchsten Punkt, dem sogenannten Apogäum sowohl eine Aussicht auf die Erdoberfläche und dessen Krümmung, als auch ein andauerndes Schwerelosigkeitsgefühl von mehreren Minuten. Aufgrund der weniger komplexen, bautechnischen Anforderungen, sowie den

---

[59]Vgl. Dimas Technologies (2015): http://www.weltraumwerbung.com/pages/technik.php, [30.05.2015]
[60]Vgl. Hegmann, G. (2014).
[61]Vgl. Haltinner Group (2015): http://www.space-experiences.com/de/mission-control/neu..., [30.05.2015]

geringeren Energieverbrauch im Vergleich zum orbitalen Flug, können suborbitale Flüge nicht nur einfacher verwirklicht, sondern zudem kostengünstiger angeboten werden. Da die Nachfrage bekanntlich vom Preis abhängt, würde insbesondere dieses Segment den Weltraumtourismus ankurbeln. Trotz bemerkenswerter technischer Fortschritte, die auf einen zukunftsnahen Beginn von Suborbital-Flügen hoffen lassen, gibt es bisher jedoch noch keine Möglichkeit dieses Angebot wahrzunehmen.[62]

Ergänzend soll an dieser Stelle vermerkt werden, dass suborbitale Flüge auch die Flugzeiten interkontinentaler Flüge enorm verkürzen könnten. Dieser touristischer Wert der Flüge wurde erstmals durch die Entwicklung der „Aérospatiale-BAC Concorde 101/102", kurz Concorde erschlossen. Aufgrund des geringeren Luftwiderstands in der Stratosphäre sowie der enormen Geschwindigkeit von bis zu 2.179 km/h in 18 km Höhe, konnten Passagiere in einem Bruchteil der normalen Flugdauer ihr Ziel erreichen. Eine Studie[63] von Spaceport Associates besagt, dass suborbitaler Flugverkehr mehr als dreißig mal schneller wäre als aktuelle kommerzielle Flüge. Wie der Betrieb der Concorde-Überschallflugzeuge in der Vergangenheit jedoch gezeigt hat, müssten die damit einhergehenden Kosten noch erheblich gesenkt werden, bevor diese Flugvariante für Luftverkehrsunternehmen profitabel wäre.[64]

4.3.2. Orbitale Flüge

Ein Flug um die Erdumlaufbahn fällt unter die Kategorie der Weltraumflüge. Eine Umrundung des blauen Planeten wird nur durch einen orbitalen Flug erreicht. Um dies zu ermöglichen sind hochleistungsfähige Raketentechnologien, welche eine Geschwindigkeit nahe der ersten kosmischen Geschwindigkeit (rund 28.000 km/h) erreichen notwendig. Diese Art von Weltraumflügen ist darauf ausgerichtet eine Flughöhe von mindestens 200 km zu erreichen, um auf einer niedrigen Umlaufbahn die Erde zu umkreisen und im Weltraum zu bleiben. Aufgrund der höheren Wiedereintrittsgeschwindigkeit spielten auch ausgereifte Hitzeschilder als Schutzmaßnahme vor einem Verglühen in der Atmosphäre eine nicht minder wichtige Rolle.[65]

Für diese Art von Weltraumflug reichen konventionelle Flugzeuge nicht mehr aus. Die Anforderungen für einen Flugkörper, der bis in den Orbit gelangen soll sind weit umfangreicher

---

[62]Ebenda.
[63]Webber, D. (2008).
[64]Vgl. Orlebar, C. (2004).
[65]Vgl. Haltinner Group (2015): http://www.space-experiences.com/de/mission-control/neu..., [30.05.2015]

als die eines suborbitalen Flugzeugs. Unterschiede sind insbesondere in den Faktoren Kosten und Entwicklungsarbeit zu finden.[66]

Orbitale Flüge für Touristen zur ISS sind eine noch sehr junge Ausprägungsform des Weltraumtourismus. Aufgrund des geringen Angebots - bisher dient nur die internationale Raumstation als Aufenthaltsort für Touristen - sowie des hohen Preises für einen derartigen Flug, kann in diesem Segment noch nicht von einem touristischen Markt gesprochen werden.[67]

4.4. Weltraumaufenthalte

Die internationale Raumstation ist momentan die einzige bewohnbare Möglichkeit für Touristen im All.[68] In einem Abstand von rund 400 km zu Erdoberfläche bewegt sie sich in einer Umlaufbahn der Erde. Erst sieben Personen hatten das Privileg (und die nötigen finanziellen Mittel) sich längere Zeit als Tourist auf der ISS aufhalten zu können.[69]

Grundlegend kann jeder, der die gesundheitlichen Voraussetzungen mitbringt, sich ein Ticket zur Raumstation kaufen. Abgesehen von der Urlaubszeit, sollten die Passagiere jedoch noch ein paar mehr Monate mitbringen, denn starten darf man erst nach der erfolgreichen Absolvierung eines zehnmonatigen Trainingsprogramms.[70]

4.5. Sonstige Arten des Weltraumtourismus

Ein bisher noch fehlendes Segment in der Untergliederung von Haltinner Space Experience sind Flüge zu anderen Himmelskörpern, jedoch ohne auf ihnen zu landen. Aus diesem Grund soll dieses Segment im Folgenden erläutert und zugeordnet werden.

Flüge zu anderen Himmelskörpern dauern mehrere Tage und beinhalten somit nicht nur einen Weltraumflug, sondern zudem einen Aufenthalt im All. Aufenthaltsort ist jedoch nicht eine Raumstation, Weltraumhotel, oder gar ein Planet wie es im Sinne des Unternehmens „Haltinner Space Experience" ist, sondern das Transportschiff. Dieses Phänomen ist im irdischen Tourismus gleichzusetzen mit einer Kreuzfahrt. Ähnlich einem Kreuzfahrtschiff, das sich auf dem Meer bewegt und dabei unterschiedliche Destinationen anfährt würde ein Raumschiff tagelang durch das All fliegen und Himmelskörper als Zwischenziele betrachten. Da in Abbildung 7 sowohl

---

[66]Ebenda.
[67]Vgl. Kraus, T. (2015) / Experteninterview (Anhang 1).
[68]Vgl. Haltinner Group (2015): http://www.space-experiences.com/de/mission-control/neu..., [30.05.2015]
[69]Vgl. Space Adventures (2015): http://www.spaceadventures.com/experiences/space-station/, [30.05.2015]
[70]Vgl. Kraus, T. (2015) / Experteninterview (Anhang 1).

inhaltlich als auch bildlich eine Steigerung hinsichtlich des Weltraumbezugs des Angebots zu erkennen ist, sollten Rundflüge zu anderen Himmelskörpern ohne sich auf diesen aufzuhalten in die letzte Kategorie „Full Stage Space Tourism" eingeordnet werden und diese somit um ein Produkt erweitern (siehe Abbildung 10).

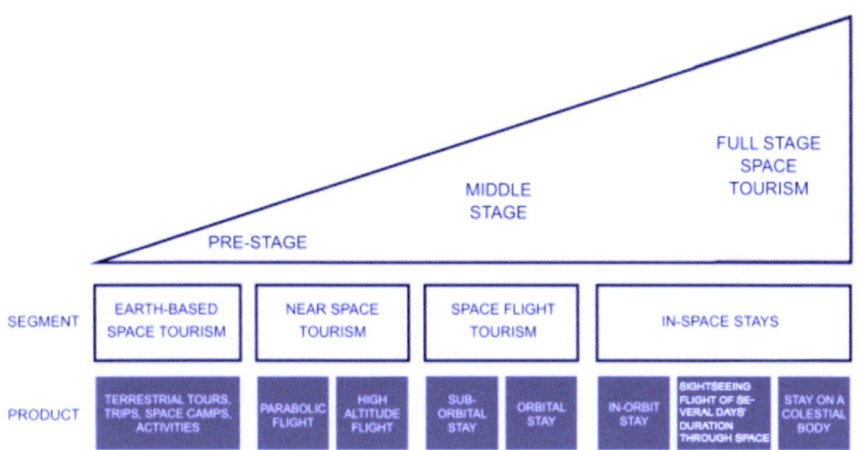

Abbildung 10: Erweitertes Modell: Arten des Weltraumtourismus
Quelle: eigene Darstellung in Anlehnung an: Haltinner Space Experience (o.J.): http://www.space-experiences.com/de/mission-control/neuigkeiten/unser-weg-in-den-weltraum.html, [30.05.2015]

Dass diese Überlegung nicht allzu zukunftsfern ist beweist das Unternehmen „Space Adventures". Bereits im August 2005 gab die Firma das Projekt „Deep Space Expeditions Alpha", kurz DSE Alpha bekannt. Es soll Touristen einen zirkumlunaren Flug, einfach ausgedrückt einen Flug rund um den Mond ermöglichen. Die zehntägige Rundreise in einer modernen Sojus-Rakete um den Mond soll in Kooperation mit dem russischen Unternehmen „RKK Energija" ab 2018 angeboten werden und kostet rund 70 Millionen[71] Euro pro Person.[72]

---

[71]Vgl. European Space Tourist (2015): http://european-space-tourist.com/Moon-Flight, [30.05.2015]
[72]Vgl. Space Adventures (2015): http://www.spaceadventures.com/experiences/circum..., [30.05.2015]

5. Der weltweite Anbietermarkt im Marktsegment Weltraumtourismus

Der Weltraumtourismus ist eine sehr stark international geprägte Branche. Sowohl die einzelnen staatlichen Raumfahrtbehörden, als auch private Raumfahrtunternehmen arbeiten an einflussreichen Projekten zusammen. Basierend auf diesen Kooperationen konnten insbesondere die russische sowie die US-amerikanische Raumfahrtforschung große Fortschritte erzielen und eine infrastrukturelle Basis aufbauen. Demzufolge stellen beide Länder heute wesentliche Standorte für den Weltraumtourismus dar. Um touristische Angebote zu generieren ist eine globale Zusammenarbeit vor allem im privaten Sektor nötig, da manche Angebote bisher weltweit an wenigen oder nur an einem Standort umsetzbar sind. Im Folgenden sollen die wichtigsten Anbieter, Einrichtungen und Angebote im Überblick dargestellt werden.

5.1. Der russische Anbietermarkt

Russland hat zusammen mit den USA das weltweit größte Raumfahrtprogramm.[73] Flüge zur internationalen Raumstation fanden bisher ausschließlich mit einer Sojus-Rakete vom Weltraumbahnhof in Baikonur aus statt. Da dies der einzige, für Touristen zugängliche orbitale Weltraumflug ist, bestehen Kooperationen mit internationalen Reiseveranstaltern auf breiter Ebene. Bislang wurden touristische Weltraumreisen von dem US-amerikanischen Unternehmen „Space Adventures" vermittelt und organisiert.[74]

Momentan befinden sich zwei russische Weltraumbahnhöfe im Einsatz: Baikonur und Plesetsk. Das Areal des Kosmodrom Baikonur befindet sich in Kasachstan, rund 40 km vom Aralsee entfernt.[75] Es steht unter der Leitung der russischen Raumfahrtbehörde „Roskosmos" und ist der größte Weltraumbahnhof der Erde.[76] Auf ihm befindet sich auch das bekannte Kosmonautenzentrum „Star City", in welchem nicht nur künftige Weltraumbesucher ihr Astronautentraining absolvieren, sondern auch Touristen einen Einblick in die Vergangenheit der Raumfahrt sowie in die Trainingsprogramme erhalten können.

Sowohl nationale Reiseveranstalter, darunter zum Beispiel „RUS Adventures" oder „Star City Tours", als auch extranationale Reiseveranstalter wie „European Space Tourist" bieten Besuchern regelmäßig Führungen durch das Kosmonautenzentrum an. Gäste können dabei eine

---

[73]Vgl. Glover, L. / Chaikin, A. / Daniels, P. (2005), S. 195.
[74]Vgl. Kraus, T. (2015) / Experteninterview (Anhang 1).
[75]Vgl. McColl, R. W. (2005), S.72f.
[76]Vgl. Kulke Ulli (2005).

genaue Kopie der Raumstation Mir, sowie das riesengroße Wasserbecken in dem die Kosmonauten für den Ausstieg in den freien Weltraum trainieren sehen. Besucher, die ein aktiveres Programm durchlaufen möchten können ihre Kräfte in einer Zentrifuge auf die Probe stellen. Die Zentrifugen werden verwendet um die Beschleunigungskräfte zu simulieren, die auf die Insassen eines Raumfahrzeuges während der Startphase einwirken.[77]

Um den Zustand von Schwerelosigkeit selbst zu erleben besteht zudem die Möglichkeit an einem Parabelflug teilzunehmen. Wer höher hinaus möchte, muss in die Stadt Nischnii Nowgorod. Sie ist ein wesentlicher Bestandteil des russischen militärisch-industriellen Komplexes und erst seit kurzem ohne Spezialbewilligung zugänglich. Vom Flughafen SOKOL aus können Touristen an Bord des Jets „MIG-29UB Fulcrum" bis in Stratosphäre gebracht werden und von dort aus ein Blick in das schwarze Weltall werfen.[78]

Ein dritter Weltraumbahnhof namens „Wostotschnij" befindet sich noch im Bau. Er soll Baikonur langsam ersetzten und das neue Zentrum der russischen Raumfahrt werden. Offiziell soll das Projekt 2015 fertiggestellt werden und künftige Raumschiffe und Satelliten von dort starten, voraussichtlicher Termin ist Dezember. Finanzielle Probleme lassen jedoch auf eine Verzögerung schließen. Insgesamt werden die Kosten für das Kosmodrom auf mehr als 6 Milliarden Dollar geschätzt.[79]

5.2. Der US-amerikanische Anbietermarkt

Die USA betreiben insgesamt drei Weltraumbahnhöfe. Der bekannteste und am häufigsten genutzte ist das Kennedy Space Center in Cape Canaveral in Florida. Ursprünglich nur als Raketenversuchsgelände genutzt, wurde er ab 1968 im Zuge der Mondflüge zum Weltraumbahnhof ausgebaut. Von hier aus starteten die Apollo-Missionen sowie die Space Shuttles. Der sogenannte „Visitor Complex" vor den Toren des Weltraumbahnhofs dient als Informationszentrum für Touristen. In Ausstellungseinrichtungen wie zum Beispiel dem sogenannten „Rocket Garden", in dem Besucher Raketen aller Generationen sehen können, oder in Laufe einer Bustour durch das Kennedy Space Center erlangen Touristen prägende Einblicke in die Raumfahrt. Zudem können Besucher seit Mai 2007 in der sogenannten „Shuttle Launch Experience" die beim Start eines Space Shuttles auftretenden Kräfte nachempfinden. Neben Führungen, Ausstellungen und verschiedenen Arten des Astronautentrainings können auch

---

[77] Vgl. Popova, Yulija (2012).
[78] Vgl. MIGFlug & Adventures (2015): http://www.migflug.com..., [30.05.2015]
[79] Vgl. Kowalski, G. (2014).

Parabelflüge sowie Jetflüge von hier aus wahrgenommen werden. Aufgrund der vielfältigen Weltraumaktivitäten und -erlebnissen ist das Kennedy Space Center ein beliebtes Reiseziel. Jedes Jahr kommen mehr als 2 Millionen Besucher um die Raumfahrt hautnah zu erleben und Raketen und ihre Abschussbasen zu besichtigen.[80]

5.2.1. Der Ansari X-Prize und Virgin Galactic

Den Grundstein für den Durchbruch der privat finanzierten Raumfahrt legte die gemeinnützige X-Prize Foundation im Jahr 1996. Der „Ansari-X Prize" bezeichnet einen Wettbewerb, welcher zur Förderung der Weltraumindustrie im privaten Sektor diente. Der Gewinn von zehn Millionen US-Dollar, sowie das Prestige den ersten privaten und bemannten suborbitalen Flug erfolgreich absolviert zu haben, konnte das Team „Scaled Composites" am 4. Oktober 2004 für sich entscheiden. Der geglückte Flug des Raumgleiters „SpaceShipOne" öffnete neue Möglichkeiten und brachte die Vision des Reisens ins All so nah wie nie zuvor.[81]

Ziel dieser Ausschreibung war es innovative Ideen zu fördern und zu beweisen, dass Weltraumflüge für Firmen und Privatpersonen zugänglich und erschwinglich sind. Die Teilnahmebedingungen forderten neue Techniken heraus und steckten die zu erreichenden Ziele ab. Es galt ein Flugzeug zu konzipieren, welches die von der FAI festgelegte Weltraumgrenze von 100 km zweimal innerhalb von zwei Wochen erreicht und dabei drei Personen oder deren jeweilige äquivalente Last (90 kg) befördert. Weiterhin mussten mindestens 90 Prozent des Raumschiffs wiederverwendbar sein. Da dies nicht auf herkömmliche Raketen zutraf, hatten diese keine Chance auf den Preis. Insgesamt galt es die Flüge bis zum 1. Januar 2005 durchzuführen, dabei dürften die Kosten pro Passagier nicht mehr als 100.000 US-Dollar betragen. Weltweit bewarben sich 26 Teams aus sieben Staaten um den X-Prize.[82]

---

[80]Vgl. Florida Services & Information (2013): http://www.florida-informations.com..., [30.05.2015]
[81]Vgl. Xprize Foundation (2015): http://ansari.xprize.org/teams, [30.05.2015]
[82]Ebenda.

Den Sieg hat schließlich das 1982 gegründete US-amerikanische Unternehmen „Scaled Composites" für sich entschieden. Treibende Kraft der Firma war Burt Rutan, ein bekannter Luft- und Raumfahrtingenieur. Finanziert wurde das Projekt von Paul Allen, einem Mitbegründer von Mircrosoft. "Der erfolgreiche Start hat demonstriert, dass auch die letzte Grenze jetzt offen für private Unternehmen ist"[83].

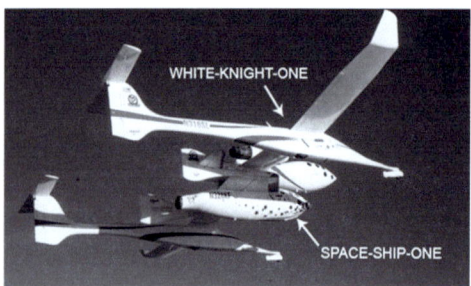

Abbildung 11: Scaled Composites: SpaceShipOne
Quelle: In Anlehnung an: Friends of Flying Heritage (2015): http://www.flyingheritage.com/images/Slideshows/plane/Spaceshipone-8.jpg, [30.05.2015]

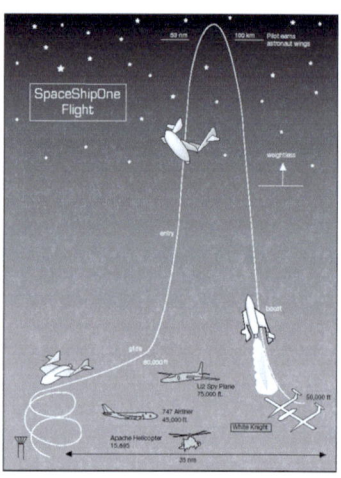

Abbildung 12: Flugverlauf des SpaceShipOne
Quelle: Scaled Composites (o.J.): http://images.dailytech.com/nimage/SpaceShipOne_Diagram_Wide.jpg, [30.05.2015]

Die erfolgreiche Kombination aus dem Raumgleiter „SpaceShipOne" und dem dazugehörigen Trägerflugzeug „WhiteKnightOne" (siehe Abbildung 11) versprach einen Durchbruch im privaten Weltraumtourismus. Nach dem Start am 21. Juni 2004 vom Mojave Air & Space Port in der gleichnamigen Wüste brachte das 7,7 t schwere und 5 m lange Trägerflugzeug den 3,6 t und 5 m langen Raumgleiter in eine Höhe von 14,3 km, in der die Abkopplung stattfand (siehe Abbildung 12). Während das Trägerflugzeug an dieser Stelle seine maximale Höhe erreicht, beginnt die Zündung des SpaceShipOne, welches in Besitz eines eigenständigen Raketenantriebs ist. Theoretisch erreicht das Raumfahrzeug während einer bis zu 84 s dauernden Brennzeit des Triebwerkes eine Geschwindigkeit von bis zu Mach 3,5. Wegen einiger technischer Schwierigkeiten konnte die maximale Geschwindigkeit zwar nicht erreicht werden, jedoch gelang es trotzdem die Kármán-Linie zu überschreiten. Der Pilot lenkte den Raumgleiter in einen

---

[83]Richard Branson zitiert nach: Spiegel Online (2014):
http://www.spiegel.de/wissenschaft/weltall/spaceshipone-vor-zehn-jahren..., [30.05.2015]

Parabelflug ein, welcher eine Höhe von 109 km erreichte, und befand sich drei Minuten in Schwerelosigkeit. Der Wiedereintritt in die Atmosphäre wurde durch einen Klapp-Mechanismus unterstützt. Dieser klappt die Trag- und Leitwerksflächen hoch und lässt den Raumgleiter in einem trudelnden Sinkflug übergehen. Erst ab etwa 20 km Höhe werden die Tragflächen wieder parallel zum Rumpf ausgerichtet und ein klassischer gesteuerter Gleitflug eingeleitet. Aufgrund der aufgetretenen Schwierigkeiten bedürfte es einer weiteren kleinen Verzögerung um einen sicheren Flug zu gewährleisten. Am 4. Oktober 2004, nur wenige Monate nach dem Erstflug konnte das Team von Scaled Composites den Ansari-X Prize entgegennehmen.[84]

Bereits einen Monat vor dem offiziellen Triumph gründete Burt Rutan zusammen mit dem Milliardär Sir Richard Branson das Raumfahrtunternehmen „Virgin Galactic", ein Teilunternehmen des britischen Mischkonzerns „Virgin Group". Bereits knapp ein Jahr später gaben die Firmengründer den Start des Unternehmens „Spaceship Company" bekannt, welches sich im Besitz von Virgin Group und Scaled Composites befindet. Unter diesem neuen Dach entwickelten sie weitere Generationen des Kombinationssystems, welche an den Erfolg von SpaceShipOne anknüpfen sollten. Durch den Bau des fast doppelt so großen Raumgleiters „SpaceShipTwo", welcher Platz für sechs Passagiere und zwei Piloten bietet, sowie der Konstruktion eines entsprechenden leistungsfähigeren Trägerflugzeugs „WhiteNightTwo", sollten Touristen endlich in der Lage sein den Weltraum als Reiseziel zu betrachten. Bereits 2004 kündigte Virgin-Chef Richard Branson an ab 2007 kommerzielle Flüge ins All betreiben zu wollen. In Zusammenarbeit mit dem deutschsprachigen Anbieter „Designreisen" begann das Unternehmen Buchungen für je rund 200.000 Euro von ca. 700 Interessenten entgegenzunehmen. Während eines 2,5 stündigen Weltraumflugs in bis zu 110 km Höhe sollten die Passagiere drei Minuten das Gefühl der Schwerelosigkeit erleben und dabei einen spektakulären Ausblick auf die Erde genießen. Vorab sollten medizinische Untersuchungen den Gesundheitsstatus der Passagiere feststellen sowie diverse praktische und theoretische Tests auf dem Programm stehen, um das Verhalten in solchen Extremsituationen zu trainieren.[85]

Die Umsetzung dieser Pläne hat sich jedoch als weitaus schwieriger erwiesen als damals gedacht. Aufgrund technischer Unklarheiten mussten die Touristenflüge unter der Prämisse "Sicherheit geht vor" immer wieder verschoben werden. Jüngste Ereignisse machten auch den neu für 2015 terminierten Start obsolet. Bei einem Absturz des Raumgleiters im Oktober 2014 in der Mojave Wüste geriet das Unternehmen und seine Herangehensweise unter Kritik. Bis die

---

[84]Vgl. Spiegel Online (2004): http://www.spiegel.de/wissenschaft/weltall/historischer..., [30.05.2015]
[85]Vgl. Seedhouse, E. (2015).

Unfallursache nicht vollständig untersucht wurde, wird es vorerst keine weiteren Testflüge geben.[86]

Branson selbst sagt: „Der Weltraum ist hart, aber er ist es wert. Wir werden durchhalten und weitergehen (…) Wir haben immer gewusst, dass der Weg ins All extrem schwierig ist und dass jedes neue Transportmittel zu Beginn auch schlechte Tage verkraften muss."[87]

Das momentan im Bau befindliche „SpaceShipThree" soll den aktuellen Plänen zufolge verwenden werden, um suborbitale Punkt-zu-Punkt-Flüge um die Erde zu ermöglichen und somit die Langstreckenflüge um ein vielfaches zu verkürzen.[88] Ob und wann diese neue Transportmöglichkeit auf den kommerziellen Markt kommt ist noch unbekannt.

Am 17. Oktober 2011 wurde der erste privat finanzierte Weltraumhafen der Welt namens „Spaceport America" eröffnet. Er befindet sich im Tal der „Jornada del Muerto", New Mexico. Neben anderen privaten Raumfahrtunternehmen siedelten sich auch Virgin Galactic hier an um ihre suborbitalen Flüge von dort aus kommerziell zu betreiben.

5.2.2. XCOR Aerospace

Die Entwicklung suborbitaler Fluggeräte steht momentan im Mittelpunkt des Interesses vieler privater Raumfahrtunternehmen. Neben Virgin Galactic arbeitet auch die Firma „XCOR Aerospace" an der Verwirklichung dieses Vorhabens. Während bautechnische Arbeiten von der Zentrale aus in Mojave, Kalifornien vonstattengehen, kümmert sich die Tochtergesellschaft „XCOR Space Expeditions" mit Sitz in Amsterdam überwiegend um die touristische Vermarktung der sogenannten „Lynx - Weltraumflüge".[89]

„Lynx" (siehe Abbildung 13) beschreibt ein noch in der Entwicklung befindliches, zweisitziges Raketenflugzeug für Suborbitalflüge, welches horizontal starten und landen soll. Neben dem Piloten soll es entweder eine wissenschaftliche Nutzlast oder eine zweite Person im Cockpit transportieren können. Neben dem Prototyp, welcher die Bezeichnung „Mark I" trägt, liegen bereits Pläne für weitere verbesserte Modelle „Mark II" sowie „Mark III" vor. Bisherige Starttermine des Prototypen mussten immer wieder verschoben werden. Ob der aktuelle Termin im Jahr 2015 eingehalten werden kann bleibt abzuwarten.[90]

---

[86]Vgl. Aj Sokkovol, D. (2014).
[87]Branson, R., zitiert nach: Frankfurter Allgemeine (2014): http://www.faz.net/aktuell/ges..., [30.05.2015]
[88]Vgl. Webber, D. (2008).
[89]Vgl. XCOR Aerospace (2014): http://www.xcor.com/press/2014/14-06-30_xcor..., [30.05.2015]
[90]Vgl. XCOR Aerospace (2015): http://xcormissions.com/spacecraft/, [30.05.2015]

Laut Theorie könnte „Lynx" grundsätzlich von jedem Flughafen abheben, dessen Startbahn mindestens 2400 m lang ist. Das Flugzeug wird an den Anfang der Startbahn geschleppt und startet dann mit seinen eigenen Triebwerken. Innerhalb der ersten drei Minuten des Fluges steigt es mit Mach 2,9 bis auf rund 60 km an und schaltet seine Triebwerke ab. Durch den Aufschwung steigt das Flugzeug weiter bis zu einer Gipfelhöhe von 103 km. Dabei können Passagiere etwa 6 min den Zustand der Schwerelosigkeit genießen. Während des Landeanflugs werden die Triebwerke erneut gezündet und das Flugzeug in eine horizontale Lage und einer Geschwindigkeit von etwa 170 km/h gebracht.[91]

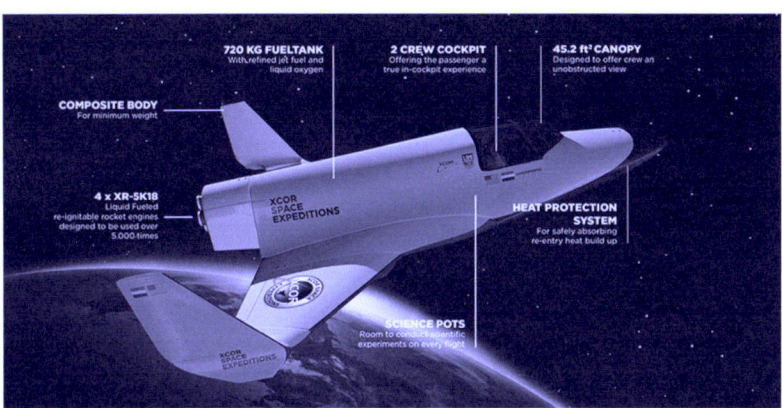

Abbildung 13: Modell: Lynx
Quelle: XCOR (2015): http://xcormissions.com/media/5695/lynx-explained.jpg?width=400 , [30.05.2015]

Die touristische Vermarktung der Lynx-Flüge erfolgt über die Firma „XCOR Space Expedition". Der Preis für einen Flug mit „Mark I" oder „Mark II" wird für 100.000 US-Dollar angeboten.[92]

5.2.3. Space Adventures

"The private spaceflight industry did start with Dennis' flight (…) that was the first real milestone and demonstrated to a lot of people that there was a market for private citizens to go to space."[93] So beschreibt Tom Shelley, Präsident von Space Adventures, Dennis Titos Flug zur ISS. Das 1998 als Firma gegründete Unternehmen ist das bisher Einzige, dem es gelang Touristen in den Weltraum zu befördern. Im Gegensatz zu anderen Anbietern produziert Space

---
[91]Vgl. XCOR Aerospace (2015): http://xcormissions.com/the-flight/, [30.05.2015]
[92]Vgl. XCOR Aerospace (o.Z.): http://xcor.com/flytospace/, [30.05.2015]
[93]Shelley, T., zitiert nach: Wall, M. (2011).

Adventures keine eigenen Transportmittel, sondern greift auf bereits bestehende russische Technologie zurück oder kooperiert mit anderen Entwicklern wiederverwendbarer Luft- und Raumfahrzeuge, darunter auch „Armadillo Aerospace" und „Boeing".

Space Adventures, mit Sitz in Virginia, USA, ist das marktführende Privatunternehmen im Bereich Weltraumtourismus und hat in Zusammenarbeit mit der russischen Raumfahrtbehörde nicht nur den Pionierflug von Dennis Tito arrangiert, sondern seither 7 weitere Passagiere auf den Weg zur internationalen Raumstation unterstützt, worunter einer, der Flug von der Sängerin Sarah Brightman im September 2015 noch aussteht. Die Tabelle zeigt die Liste aller bisherigen Passagiere, die in einer Sojus-Rakete zur ISS flogen und sich somit einen Namen unter den bisher knapp 550 Personen machen, die im Weltraum waren.[94]

Wer die finanziellen, zeitlichen und gesundheitlichen Voraussetzungen mitbringt, kann auf Wunsch sogar einen Spaziergang im Weltraum erleben. Ein derartiger Ausflug für noch intensivere Eindrücke im Weltall kostet jedoch rund zehn Millionen Euro extra.[95] In Zusammenarbeit mit Armadillo Aerospace lagen Pläne für einen suborbitalen Flug in der Maschine „Space Adventures Explorer" vor. Per Senkrechtstart sollte die neu entwickelte Rakete Passagiere für je rund 100.000 US-Dollar in den Weltraum befördern. Dieses Vorhaben wurde jedoch aufgrund der finanziellen Misslage von Armadillo widerrufen.[96] Aktuelle Pläne hinsichtlich suborbitaler Flüge sind momentan nicht bekannt. Die Null-Gravitationsflüge hingegen werden bereits durchgeführt. Die Parabelflüge werden über die Tochterfirma des Unternehmens, „Zero G Corporation" organisiert und sind mit knapp 5000 US-Dollar pro Flug mit einer speziell umgerüsteten Boeing 727 die erschwinglichste Variante Mikrogravitation zu erleben, jedoch ohne den Weltraum zu erreichen.[97]

---

[94]Vgl. Space Adventures (2015): http://www.spaceadventures.com/experiences/space-..., [30.05.2015]
[95]Vgl. Billiger Reisen (2013): http://www.biligerreisen.com..., [30.05.2015]
[96]Vgl. Kraus, T. (2015) / Experteninterview (Anhang 1).
[97]Vgl. Space Adventures (2015): http://www.spaceadventures.com/experiences/zero-gra..., [30.05.2015]

Reisezeitpunkt	Name des Reisenden	Nationalität des Reisenden
28.04.01	Dennis Tito	US-Amerikaner
25.04.02	Mark Shuttleworth	Südafrikaner
01.10.05	Greg Olsen	US-Amerikaner
18.09.06	Anoushed Ansari	Iranerin
07.04.07	Charles Simonyi	Ungar
12.10.08	Riachard Garriott	US-Amerikaner
26.03.09	Charles Sinomyi	Ungar
30.09.09	Guy Laliberte	Kanadier
09.15	Sarah Brightman	Engländerin

Tabelle 1: Liste aller Weltraumtouristen, die die internationale Raumstation besuchten
Quelle: In Anlehnung an: Space Adventures (2015): Clients, http://www.spaceadventures.com/experiences/space-station/, [30.05.2015]

5.3. Der europäische Anbietermarkt

Viele Staaten unterhalten nationale Weltraumorganisationen zur Erforschung und Nutzung des Weltalls. Neben nationalen Weltraumorganisationen gibt es auch Zusammenschlüsse von mehreren Staaten wie die Europäische Weltraumorganisation (engl. European Space Agency, kurz ESA) mit Sitz in Paris. Diese wurde am 30. Mai 1975 zur besseren Koordinierung der europäischen Raumfahrtaktivitäten gegründet, da der technologische Rückstand in der Raumfahrt gegenüber der UdSSR und den USA aufgrund der immensen Anstrengungen beider Länder immer größer wurde. Durch die Kooperation mit ihren 20 Mitgliedsstaaten ist es ihnen möglich Programme ins Leben zu rufen, die für die einzelnen Staaten nicht durchführbar wären. Kernziele der ESA sind die Erforschung der Erde, ihrer umgebenden Sphären und des Alls, sowie die Entwicklung neuer Techniken für die Raumfahrt. Um diese Ziele zu erreichen arbeitet sie eng mit anderen staatlichen Organisationen zusammen.[98]

Internationale Kooperationen bestehen unter anderem mit den Raumfahrtbehörden NASA, ISRO, JAXA, sowie Roskosmos. Deutscher Repräsentant ist das Zentrum für Luft- und Raumfahrt mit Sitz in Köln.[99]

Auf dem kontinentalen Gebiet der Europäischen Union gibt es keinen institutionellen oder privaten Weltraumbahnhof. Für die Umsetzung der Projekte wird meist der Raumhafen „Centre Spatial Guyanais", kurz CSG bei Kourou in Französisch-Guayana genutzt.[100] In Großbritannien wurde 2014 angekündigt, dass man einen kommerziell nutzbaren Weltraumbahnhof im Landesgebiet des Vereinigten Königreiches errichten wolle. Obwohl bisher noch keine Einigung darüber herrscht wo genau sich dieser befinden soll, plant die britische Regierung die Fertigstellung bis 2018.[101] Ein weiterer Weltraumbahnhof soll in Kiruna in Schweden errichtet werden.[102] In Deutschland ist bislang kein eigener Weltraumbahnhof geplant.

Seit März 2013 bietet die Firma „Novespace" in Frankreich als einziger Anbieter innerhalb Europas Parabelflüge für Touristen an. Mit der umgerüsteten Maschine „Airbus A300 Zéro-G" (für Zéro Gravité; deutsch: Null Schwerkraft) können die Parabelflüge für rund 6000 Euro pro Person erworben werden.[103] Da die französische Firma ihren umgebauten Airbus 300 stets mit empfindlichen Forschungsexperimenten abheben lässt, ist eine gute Verträglichkeit der wechselnden Gravitationskräfte notwendig. Um das Risiko gesundheitlicher Beschwerden während des Fluges zu vermindern wird vorab eine Medikation verabreicht. Obwohl sich European Space Tourist eine Zusammenarbeit wünscht, vertritt der Reiseveranstalter die Meinung: „Wir betreiben keine Forschung, sondern vermitteln ein Erlebnis"[104].[105]

5.4. Der asiatische Markt

Neben dem sich entwickelnden europäischen Markt, liegen ebenfalls im asiatischen Raum bereits Pläne für Weltraumbahnhöfe vor. Passiv sind die Vereinigten Arabischen Emirate schon

---

[98] Vgl. European Space Agency (2015): http://www.esa.int..., [28.05.2015]
[99] Ebenda.
[100] Vgl. European Space Agency (2009): http://www.esa.int/ger/ESA_in_your_country..., [30.05.2015]
[101] Vgl. Hegmann, G. / Trentmann N. (2014).
[102] Vgl. Schweden bereisen (2007): http://www.schweden-bereisen.de..., [30.05.2015]
[103] Vgl. Spiegel Online (2013): http://www.spiegel.de/reise/europa/erstmals-in-europa..., [30.05.2015]
[104] Kraus, T. (2015) / Experteninterview (Anhang 1).
[105] Vgl. Kraus, T. (2015) / Experteninterview (Anhang 1).

seit längerer Zeit in der Raumfahrt engagiert. Der staatliche Investment-Fonds des Emirats hat sich in zwei Schritten mit inzwischen 37 Prozent am Kapital des privaten Raumfahrt-Touristikunternehmens „Virgin Galactic" beteiligt, das entspricht einer Summe von etwa 320 Millionen Euro. Für den aktiven Einstieg in die Raumfahrt ist ein neuer Weltraumbahnhof in Ra´s Al-Khaimah, einem der sieben Emirate der VAE vorgesehen. Das Projekt soll in Zusammenarbeit mit Space Adventures entwickelt und finanziert werden.[106]

Zudem gründete das Emirat im Juli 2014 eine eigene Raumfahrtagentur. Der Präsident der Vereinigten Arabischen Emirate, Scheich Khalifa bin Zayed Al Nahyan, sagte bei der Gründung, die Vereinigten Arabischen Emirate wollten bereits 2021 eine eigene Mars-Mission starten. Von einem neuen Weltraumbahnhof im Emirat soll dann eine Rakete zum Roten Planeten fliegen und wenn möglich dort einen Forschungsroboter platzieren. Neben dem geplanten Start der Mars-Rakete hat der in der Planung befindliche Weltraumbahnhof auch eine Reihe anderer Aufgaben. So ist an den Aufbau eines Satelliten-Startsystems gedacht. Des Weiteren hofft das Emirat darauf, dass im Laufe der Zeit ein zweiter Startplatz für touristische Raumflüge, neben jenem von Virgin Galactic in New Mexico in den USA erforderlich werden wird.[107]

Zusätzlich laufen derzeit Verhandlungen über den internationalen schwimmenden Weltraumbahnhof „Sea Launch". Mit dieser Plattform würde das Land Technologien, Fachkräfte und die schon vorhandene Infrastruktur bekommen. Sea Launch wurde 1995 als internationales Konsortium gegründet. Zurzeit ist die Sea Launch AG mit Sitz in Bern im Mehrheitsbesitz von „Energia Overseas", einer Tochterfirma des russischen Raumfahrtkonzerns „RKK Energija".[108]

Neben dem Weltraumbahnhof in Ra´s Al-Khaimah will Space Adventures auch ein Kosmodrom in Singapur errichten (siehe Abbildung 14). Die Kosten in Höhe von 115 Millionen US-Dollar übernimmt zum großen Teil Scheich Saud bin Saqr Al Qasimi, Kronprinz der Vereinigten Arabischen Emirate. Im Rahmen vergangener, optimistischer Entwicklungen hinsichtlich suborbitaler Flüge sollte auch hier ein Abflughafen für diese entstehen. Zudem soll es eine Trainingseinrichtung für Astronauten, sowie ein Besucherzentrum geben. Obwohl für dieses Projekt bereits seit Jahren futuristische Öffentlichkeitsauftritte im Internet existieren, gibt es noch keine genauen Angaben zum Baustart und der voraussichtlichen Fertigstellung. Es ist

---

[106] Vgl. Hanlon, M. (2006).
[107] Vgl. Odrich, P. (2014): http://www.ingenieur.de..., [30.05.2015]
[108] Vgl. Sputnik (2015): http://de.sputniknews.com/panorama/20150325/301648612.html, [30.05.2015]

allerdings zu vermuten, dass diese Planung bis zu einer Entwicklung von Suborbital-Flügen auch weiterhin stagnieren wird.[109]

Abbildung 14: Geplanter Weltraumbahnhof in Singapur
Quelle: Purch (2015): http://i.space.com/images/i/000/001/711/i02/h_sa_sing_spaceport_02.jpg?1292264416, [30.05.2015]

Weitere große Nationen im asiatischen Raum, darunter insbesondere China und Indien erzielten in der Vergangenheit ebenfalls große Fortschritte in der Raumfahrt.

Im Jahr 2003 konnte China als Dritte Nation, nach der Sowjetunion und den USA, aus eigener Kraft einen Menschen ins All schicken. Am 29. September 2011 erregte auch der Start von „Tiangong 1" (chinesisch für Himmlischer Palast 1) großes Aufsehen. Es ist die erste chinesische Weltraumstation im Weltall und wurde im Rahmen des gleichnamigen Programms von der China National Space Administration, kurz CNSA entwickelt. Tiangong 1 wird als Raumlabor im Shenzhou-Programm genutzt und dient zur Erforschung von Kopplungsmanövern und Langzeitaufenthalten von Astronauten im All. Nach Beendigung der Einsatzdauer von Tiangong 1 sollen, die für 20- bzw. 40-tägige Missionen ausgelegten Raumlabore „Tiangong 2" und „Tiangong 3" als weitere experimentelle Raumstationen gestartet werden. Der Aufbau einer größeren und modularen Raumstation ist für 2020 geplant.[110] Die Volksrepublik China verfügt über vier Startzentren: das Kosmodrom Xichang, Taiyuan, Wenchnang, sowie das Kosmodrom Jiuquan. Letztere ist der älteste und größte Weltraumbahnhof der Nation. Er liegt ca. 200 km

---

[109] Vgl. WeltN24 (2006): http://www.welt.de/wirtschaft/article96850/Neuer-Trend-bei..., [30.05.2015]
[110] Vgl. The Guardian (2013): http://www.theguardian.com..., [30.05.2015]

nordöstlich der Stadt Jiuquan in der Autonomen Region Innere Mongolei, etwa 1.600 km von Peking entfernt.[111]

Gleichwohl es noch keine aktiven Anbieter für Weltraumflüge in China gibt, ist der Wunsch nach diesen deutlich sichtbar. Ende 2014 kaufen 305 chinesische Raumfahrtfans beim Online-Händler „Taobao" für umgerechnet etwa 71.000 Euro Tickets für einen Weltraumflug. Transportschiff soll das Modell „Lynx" der niederländischen Firma „XCOR Space Expeditions" sein (vgl. Kapitel 5.2.2). Da sich das Suborbital-Flugzeug noch in der Entwicklung befindet, gibt es noch keinen genauen Starttermin der Flüge.[112]

Die Indian Space Research Organisation, kurz ISRO in Bangalore brachte 2013 eine Raumsonde ins Weltall. Knapp ein Jahr später erreichte das unbemannte Raumfahrzeug "Mangalyaan" (Hindi für Mars-Gefährt) die Umlaufbahn des Mars. Zudem hat das Schwellenland eine Kapsel für die bemannte Raumfahrt erfolgreich ins All geschossen. Eine Rakete mit dem Modul, aber noch ohne Besatzung. Laut Angaben der zuständigen Raumfahrbehörde hoffe man, in sieben bis acht Jahren Menschen ins All zu schicken. Die Flugkörper starteten vom Satish Dhawan Space Centre, kurz SHAR, einem Raketenstartplatz der indischen Raumfahrbehörde. Er liegt an der Südostküste Indiens im Bundesstaat Andhra Pradesh, etwa 80 Kilometer nördlich von Chennai.[113]

Die bemannte Raumfahrt wird bisher nur von wenigen Staaten betrieben. Da sie sehr viel teurer und technisch anspruchsvoller ist als die unbemannte Raumfahrt konnten erst drei Nationen Menschen aus eigener Kraft ins All schicken: Russland (bzw. Sowjetunion), USA und China. Indien ist bestrebt die vierte Nation zu werden, die in die Geschichte der bemannten Raumfahrt eingeht. Während Russland und die USA bereits damit begonnen haben den Markt für Weltraumtourismus zu erschließen, haben auch China, Indien und die Emirate aufgrund ihrer Erfolge und Bestrebungen in der Raumfahrt künftig ein großes Potenzial kommerzielle Flüge anbieten zu können. Aktuell sind jedoch noch keine Angebote oder Pläne hinsichtlich touristischer Weltraumreisen veröffentlicht worden.

---

[111] Vgl. Augsburger Allgemeine (o.Z.): http://www.augsburger-allgemeine.de..., [30.05.2015]
[112] Vgl. N-tv (2014): http://www.n-tv.de/panorama/China-verkauft..., [30.05.2015]
[113] Vgl. Spiegel Online (2014): http://www.spiegel.de/wissenschaft/technik/indien... und Focus Online (2014): http://www.focus.de/wissen/weltraum/raumfahrt/indien..., [30.05.2015]

6. Die Nachfrage nach Weltraumtourismus

Laut einer Umfrage des Meinungsforschungsinstituts „YouGov" können sich 35 Prozent der Menschen in Deutschland vorstellen als Weltraumtourist selbst einmal ins All zu fliegen, vorausgesetzt Geld würde keine Rolle spielen. Dabei bleibt die Mehrheit, 59 Prozent, aber doch lieber auf der Erde. Frauen sind noch etwas zurückhaltender, von ihnen sagen 68 Prozent „Nein" zum eigenen Weltraumtrip (Männer: 49). An der Umfrage nahmen 1070 Personen ab 18 Jahren teil.[114]

Über ein Drittel der Deutschen Bevölkerung hegt dementsprechend den Wunsch in den Weltraum zu fliegen. Im Folgenden soll die Nachfrageseite hinsichtlich ihrer Einstellung und Motivation untersucht werden. Unter Inanspruchnahme einer aktuellen Studie soll zudem das gesellschaftliche Nachfragepotenzial ermittelt werden. Zuletzt wird das Experteninterview Auskunft über die tatsächlich erlebte Nachfragestruktur geben.

6.1. Die Gesellschaft im Wandel – der Abenteuertourismus

Im Zuge des globalen historischen Geschehens im 20. Jahrhundert wurde die Gesellschaft durch verschiedene Wertevorstellungen geprägt. Unter dem Begriff „Wertewandel" versteht man die Veränderung der Vorstellungen von Menschen darüber, wie zentrale Aspekte des Daseins, zum Beispiel die Gesellschaft als Ganzes, die persönliche soziale Umgebung und die eigene Lebensform gestaltet sein sollen. Während Individuen Träger von Werten sind, sind die Werte selbst hingegen gesellschaftlich vermittelt. Das jeweilige mikro- (z.B. Familie, Betrieb) und makro- (z.B. Kultur) soziale Umfeld bestimmt weitgehend, welche Werte gelebt werden.[115]

Ende der 40er bis Mitte der 50er Jahre war die sogenannte „Überlebens Gesellschaft" dominierend. Nach dem Ende des 2. Weltkriegs waren insbesondere Werte wie Pflichterfüllung und Leistungsbereitschaft im Vordergrund. Bis Ende der 60er Jahre vollzog sich ein weiterer Wandel und brachte die „Wirtschaftswunder-Gesellschaft" hervor. Zusätzlich zu den bereits existierenden Werten machte sich eine Konformität in der Gesellschaft der Nachkriegszeit breit. Konformismus beschreibt dabei die Übereinstimmung einer Person mit den Normen eines gesellschaftlichen Kontextes. In der Freizeit wurden höchstens Ausflüge unternommen. Urlaub war nur der vermögenden Gesellschaftsgruppe vorbehalten wurde als Statussymbol betrachtet. Anfang der 70er Jahre brachte die „Postmaterielle Gesellschaft" gänzlich neue Werte zum

---

[114] Vgl. N-tv (2014): http://www.n-tv.de/wissen/Ein-Drittel..., [30.05.2015]
[115] Vgl. Rosenstiel, L. von (1995).

Vorscheinen. Partizipation, Selbstverwirklichung, ökologisches Bewusstsein und Genuss waren dominierend und beeinflussten die Freizeitgestaltung. Freie Zeit wurde intensiver und bewusster genutzt. Seit Mitte der 80er Jahre ist die „Erlebnis Gesellschaft" federführend. Sie brachte Werte wie Hedonismus, Erlebnis und Markenorientierung hervor. Die Gesellschaft identifizierte sich immer weniger über den Alltag, sondern zunehmend über den Urlaub, welcher mittlerweile einer breiten Bevölkerungsschicht zugänglich war.[116]

Aufgrund der Entwicklung dieser neuen, bis heute anhaltenden Gesellschaftsform, etablierten sich neue Arten des Tourismus, darunter auch der Abenteuertourismus. Abenteuertourismus ist „characterized by its ability to provide the tourist with relatively high levels of sensory stimulation, usually achieved by including physically challenging experiential components with the (typically short) tourist experience"[117].

Abenteuertourismus ist dementsprechend eine Urlaubsart, bei der die Suche nach Abenteuern im Vordergrund steht, beziehungsweise Reisemotiv ist. Aufgrund der vorliegenden Definition ist der Weltraumtourismus dem Abenteuertourismus zuzuordnen.

Allgemein gibt es keine einzige Eigenschaft, die den Begriff „Abenteuer" beschreibt, es gibt jedoch mehrere Charakteristika. Diese lauten wie folgt: Ungewisser Ausgang, Gefahr und Risiko, Herausforderung, erwartete Belohnung, Neuheit, Ansporn/Aufregung, Weltflucht, Erkundung/Entdeckung, und variierende Gefühle. Trotz dieser Eingrenzung ist und bleibt der Begriff „Abenteuer" ein höchst subjektiver Ausdruck. Was für den einen sehr aufregend ist, kann für einen anderen etwas alltägliches sein.[118]

Die Adventure Tourism Market Study 2013 listet einige touristische Aktivitäten in zwei Kategorien: „soft adventure" und „hard adventure". Unter der Sparte „hard adventure" finden sich Aktivitäten wie kitesurfen, klettern und paragleiten.[119] Ein Flug ins All bedarf in diesem Kontext einer dritten Kategorie: „extreme adventure".

Weltweit gibt es bereits viele Urlaubsangebote, die unter diese Rubrik fallen. Egal ob Abgrund-Wandern im chinesischen Huashan-Gebirge oder Bungee-Jumping im Vulkan in Chile, derartige Angebote werden nach Angaben der Hamburger Stiftung für Zukunftsforschung von rund zehn Prozent der Deutschen gebucht, zwanzig Mal so viele junge Erwachsene wie Rentner über 65, doppelt so viele Männer wie Frauen. Der Berliner Reiseforscher nennt dieses Urlaubsverhalten

---

[116] Vgl. Steinecke Albrecht (2009), S. 29ff. und Gesellschaftswandel (Anhang 3).
[117] Muller, T. E. / Cleaver, M. (2000): S. 156.
[118] Vgl. Swarbrooke, J. et al. (2003), S. 9.
[119] Vgl. Adventure Tourism Market Study (2013).

„Narko-Kapitalismus". Das Wort "Narko" leitet sich von Narkose ab und bezeichnet die Sehnsucht nach dem gewissen Etwas, darunter auch ein Adrenalinschub im Urlaub.[120]

6.2. Der „extreme" Erlebnistourist

Im Urlaub geht es generell um Erholung und Kontrast zum Alltag. Mit dem Wandel der Gesellschaft veränderten sich nicht nur die dominierenden Werte, sondern zudem die Freizeitgestaltung. Die meisten identifizieren sich heute tendenziell eher über ihre Freizeit als ihre Arbeit oder den Alltag. Urlaub, darunter auch der Extremurlaub wird zur Selbstdarstellung genutzt. Das Erlebnis spiegelt wieder wer man ist, oder wer man sein möchte. Über die Motive, sprich warum so viele Reisende einen Hang zum außergewöhnlichen Urlaubserlebnis haben, kann nur gemutmaßt werden. Bei älteren Extremurlaubern ist Langeweile eine mögliche Ursache, bei Jüngeren hingegen ist die spätpubertäre Suche nach der Identität denkbar.[121] Ulrich Rüter, Geschäftsführer des Bundesverbandes der Deutschen Tourismuswirtschaft aus Berlin ist überzeugt: "Solche Angebote wird es in Zukunft geben. (…) Vor allem für Reiche wird es in einer gesättigten Gesellschaft darum gehen, das zu bekommen, was sie bisher nicht kaufen konnten"[122]. Da Weltraumtourismus eine noch sehr junge Branche ist, spielt der Reiz unter den ersten Menschen zu sein, die den Weltraum bereisen eine ebenfalls nicht minder wichtige Rolle.[123]

6.3. Das gesellschaftliche Nachfragepotenzial

Anhand der vorangegangenen Ausführungen ist festzustellen, dass Weltraumtourismus, in diesem Sinn Reisen ins Weltall, momentan insbesondere für wohlhabende Menschen eine alternative Reisemöglichkeit ist. Mit den bisher kalkulierten Preisen von 200.000 Euro für einen Flug ins All, beziehungsweise rund 20 Millionen Euro für einen ca. zehntägigen Aufenthalt auf der internationalen Raumstation sind die aktuellen Angebote für die breite Bevölkerungsschicht noch nicht bezahlbar. "Weltraum-Tourismus wird vorerst nur einigen reichen Menschen vorbehalten bleiben"[124]. Um das tatsächliche gesellschaftliche Nachfragepotenzial festzustellen werden im Folgenden die Ergebnisse der aktuellen Studie „World Wealth Report 2014" dargestellt.

---

[120] Vgl. Fuchs, M. (2012).
[121] Vgl. Reisebuch (2013): http://reisebuch.de/travel..., [30.05.2015]
[122] Rüter, U. zitiert nach: Zeit Online (2002): http://www.zeit.de/2002/03/200203_z-r..., [30.05.2015]
[123] Vgl. Kraus, T. (2015) / Experteninterview (Anhang 1).
[124] Schmid Volker zitiert nach: WeltN24 (2007): http://www.welt.de/reise/article803594/W..., [30.05.2015]

Der „World Wealth Report 2014" wurde von „Capgemini" und „RBC Wealth Management" veröffentlicht. Er erscheint jährlich und ist der globale Maßstab zur Erfassung der sogenannten „High Net Worth Individuals", kurz HNWIs, ihrem Vermögen und den globalen und ökonomischen Bedingungen, die die Veränderungen in der Vermögensverwaltungsbranche vorantreiben. Als HNWI gelten Personen, die über ein anlagefähiges Vermögen von über einer Million US-Dollar verfügen, ausgenommen selbstgenutzte Immobilien sowie Sammlungen wertvoller Objekte und Verbrauchsgegenstände. Aufgrund der hohen Kosten einer Weltraumreise, sollen im folgenden HNWIs als potenzielle Nachfrager dieser Urlaubsform erachtet werden.[125]

Die Reichtumsstudie erfasste weltweit insgesamt rund 12,37 Millionen HNWIs, davon befinden sich rund 3,83 Millionen Personen in Europa. Allein die in Europa ansässigen Vermögenden besitzen zusammen rund 12,39 Billionen Dollar. In Deutschland entsprechen rund 1,13 Millionen Einwohner der Definition eines HNWI. Bei einer Einwohnerzahl von rund 81 Million Menschen in Deutschland, entspricht das rund 1,4 Prozent der deutschen Bevölkerung.[126]

Wer länger im Weltraum bleiben möchte, benötigt allerdings mehr als 1 Million Dollar. Weltweit gibt es rund 1,23 sogenannter „mittelständischer" Millionäre, sie verfügen zwischen 5 Million US-Dollar und 30 Millionen US-Dollar. Die wohlhabendste Gruppe sind die sogenannten Ultra-HNWIs. Insgesamt befinden sich 128,3 Tausend Menschen im Besitz von jeweils mehr als 30 Millionen Dollar.[127]

„Insgesamt war 2013 ein weiteres starkes Jahr für die Vermögenden. Steigende Aktienmärkte und eine verbesserte Wirtschaftslage trugen zu einem zweistelligen Wachstum bezüglich Gesamtvermögen und Anzahl der HNWIs bei"[128], sagt M. George Lewis, Gruppenführer von „RBC Wealth Management & RBC Insurance". Schaut man in die Zukunft so wird erwartet, dass bis 2016 ein neues Hoch des HNWI-Gesamtvermögens von 64,3 Billionen US-Dollar erreicht wird. Dies entspricht einem Wachstum um 22 Prozent seit 2013 und ungefähr zwölf Billionen US-Dollar neuem Vermögen. Eine Steigerung des Gesamtvermögens, insbesondere in diesem Segment, hat eine positive Auswirkung auf das Konsumverhalten im Luxusmarkt und wird die

---

[125] Vgl. Capgemini (2014): https://www.de.capgemini.com/news/wo..., [30.05.2015]
[126] Vgl. World Wealth Report 2014.
[127] Ebenda.
[128] Lewis, M. G. zitiert nach: Capgemini (2014): https://www.de.capgemini.com/news/wo..., [30.05.2015]

am aktuellen weltraumtouristischen Geschehen beteiligten Unternehmen auch weiterhin dazu anhalten, ihre Angebote wettbewerbsfähig zu entwickeln und vermarkten.[129]

Obwohl der Markt der suborbitalen und orbitalen Flüge für Touristen erst noch ganz am Anfang steht, gibt es bereits heute Studien über die Wirtschaftlichkeit solcher Angebote. Insbesondere im Hinblick auf die potenzielle Nachfrage in Relation zum Faktor Preis erkennt Goehlich die Notwendigkeit einer Kostenreduktion der Weltraumflüge um den noch von kleinen und vermögenden Gruppen abhängigen in eine tatsächliche und vollständig funktionierende Weltraumtourismus-Industrie umzuwandeln. Abbildung 15 stellt die jährliche Anzahl an Passagieren, abhängig vom Preis dar.[130] Um einige Beispiele zu nennen zeigt die Grafik zudem die prognostizierten Touristenzahlen für die bereits vorgestellten suborbitalen Modelle „SpaceShipTwo" und „Lynx" sowie für einen Flug zur ISS.

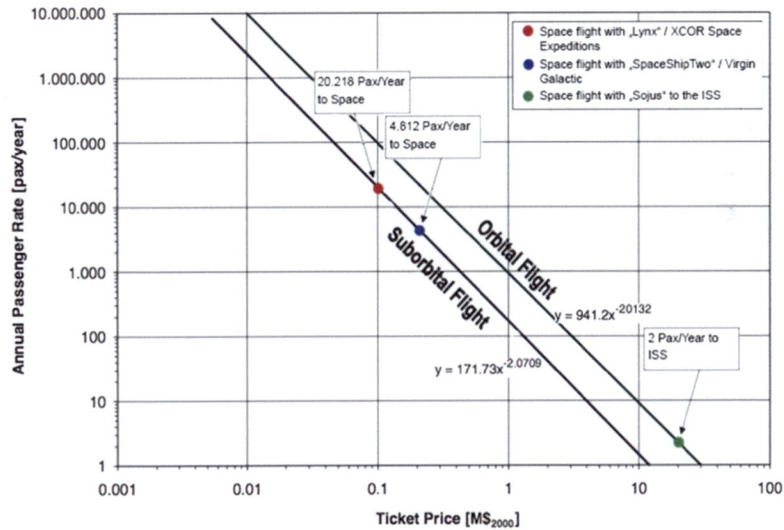

Abbildung 15: Modell: Anzahl von Weltraumtouristen in Abhängigkeit vom Preis
Quelle: In Anlehnung an: Goehlich, R. A. (2005), S. 294.

---

[129] Vgl. World Wealth Report 2014.
[130] Vgl. Goehlich, R. A. (2005), S. 293f.

6.4. Darstellung der tatsächlichen Nachfrage nach Weltraumtourismus am Beispiel des deutschen Reiseveranstalters „European Space Tourist"

Der „European Space Tourist" ist laut Angaben der erste professionelle Reiseveranstalter für Weltraumtourismus in Europa sowie Kooperationspartner des US-amerikanischen Unternehmens „Space Adventures". Seit rund 15 Jahren betreibt der Gründer und Geschäftsführer Thomas Kraus das Unternehmen. Im Rahmen eines Telefoninterviews gewährte der ehemalige Mitarbeiter im Raumfahrtmanagement des Deutschen Zentrums für Luft- und Raumfahrt Einblicke in die tatsächlichen Nachfrageaspekte im Weltraumtourismus. Im Folgenden werden die Angebote des Unternehmens, sowie die Zielgruppe und Motivation der Nachfrager dargestellt.

Der Spezialreiseveranstalter „European Space Tourist" bietet insgesamt vier Erlebnisprogramme im Bereich Nullgravitationsflüge an, Unterschiede resultieren dabei aus dem Umfang der zusätzlich angebotenen Reiseleistungen. Für rund 16.000 Euro bietet die sogenannte „Exklusivreise" das höchste touristische Rahmenprogramm. Zusätzlich zu der Kernleistung, dem Parabelflug, sowie den Grundleistungen wie Linienflug und Hotel, können Touristen bei einem Astronautentraining bei der NASA und einem L-39 Kampfjet Flug eine unvergessliche Reise erleben. Zielort dieser Programme ist stets das Kennedy Space Center in Florida, USA. Für Touristen, die es vorziehen auf der Erde zu bleiben sind Weltraumbahnhöfe ein geeigneteres Ziel um einen Eindruck vom Weltraum zu bekommen. European Space Tourist bietet hierfür eine achttägige Reise zum europäischen Raumfahrtzentrum „Centre Spatial Guyanais" in Kourou, sowie eine viertägige Reise zum Weltraumbahnhof Baikonur in Russland, von dem aus der Start einer Sojus-Rakete hautnah miterlebt werden kann an. Wem diese Angebote nicht reichen kann ebenfalls einen Flug zur ISS buchen.[131] „Wer heute noch bucht, kann schon nächstes Jahr auf der internationalen Raumstation sein"[132].

Der heutige Weltraumtourist ist „männlich, im Alter zwischen Anfang und Mitte 40, reiseerfahren, technikaffin und hat ein Fable für die Raumfahrt"[133], beschreibt Herr Kraus. Dennoch zeigt die tatsächliche Nachfragestruktur etwas anderes.

Firmen, die den Raumfahrttourismus für gewerbliche Zwecke nutzen, darunter auch Incentives und Gewinnspiele, wurden zunehmend zu einer relevanten Zielgruppe. Resultat dieser Entwicklung ist, dass rund ein Drittel der Reisenden nicht in die definierte Zielgruppe passen, da

---

[131] Vgl. European Space Tourist (2015): http://european-space-tourist.com/Zero-G-Flights..., [30.05.2015]
[132] Kraus, T. (2015) / Experteninterview (Anhang 1).
[133] Ebenda.

sie willkürlich durch Gewinnspiele ausgewählt wurden. „Ein weiteres Drittel der Nachfrager sind Erlebnisjunkies"[134], fährt der Experte fort. Das Wort Junkie lässt auf eine Abhängigkeit schließen, in diesem Fall die Abhängigkeit nach Erlebnissen. Diese Nachfragegruppe zeichnet sich dementsprechend durch einen Drang zum Abenteuer aus. Die Aktivität ist durch kein inniges Interesse begründet, sondern lediglich durch den erwünschten Adrenalinstoß. „Sie sind meist sehr oberflächlich. Sobald sie den Parabelflug erlebt haben streben sie nach dem nächsten Erlebnis"[135]. Das letzte Drittel der tatsächlichen Nachfrager sind Normalbürger mit einem großen Interesse am Weltraum, sogenannte „Space-Fans" (deutsch:Weltraumbegeisterte). Sie bereiten sich gut auf das Erlebnis vor und können es kaum erwarten zu starten. Im Gegensatz zu den Erlebnisjunkies haben sie „mehr Tiefe", das heißt sie sind emotional involvierter. Sie sind fasziniert von jeder Kleinigkeit und fragen nach vielen Details.[136]

Vom European Space Tourist vermittelte Passagiere sind zu 90 Prozent bis 95 Prozent Männer. Ein pauschalen Grund, weshalb nur so wenige Frauen mitfliegen, gibt es jedoch nicht. Festzustellen ist nur, dass das weibliche Geschlecht oftmals nur als Begleitperson bei Pauschalreisen mit dabei ist.[137]

Gemeinsamkeiten hinsichtlich dem Grund der Reise, beziehungsweise der Motive der Reisenden gibt es nicht. Betrachtet man die hohe Unterschiedlichkeit der Nachfragegruppen ist es wenig verwundernd, dass die Beweggründe ebenfalls stark variieren. Dennoch gibt es einige nennenswerte Beispiele. „Sehr oft wird die Reise als Erfüllung eines Lebenstraums beschrieben"[138]. Zusätzlich finden sich oftmals esoterisch veranlagte Passagiere wieder. Sie empfinden die Schwerelosigkeit als Normalzustand und wollen diesen selbst erleben. Ein weiterer Anreiz ist der Gedanke einer unter den wenigen Menschen zu sein, die Schwerelosigkeit erlebt haben.[139]

European Space Tourist ist der größte Kontingentkäufer der Parabelflüge von Space Adventures. Durchschnittlich sind, von insgesamt zwischen 20 und 25 Passagieren an Bord rund 8 Gäste von European Space Tourist vermittelt worden. In einem guten Jahr vermittelt der Reiseveranstalter rund 50 Nullgravitationsflüge. Trotz einer natürlich schwankenden Anzahl der Passagiere finden die Flüge regelmäßig, ca. drei mal im Monat statt. Bezüglich des orbitalen Fluges zur ISS liegt

---

[134] Ebenda.
[135] Ebenda.
[136] Vgl. Kraus, T. (2015) / Experteninterview (Anhang 1).
[137] Ebenda.
[138] Kraus, T. (2015) / Experteninterview (Anhang 1).
[139] Vgl. Kraus, T. (2015) / Experteninterview (Anhang 1).

dem Unternehmen keine Warteliste vor. Tatsächlich gab es in den vergangenen sechs Jahren nur eine seriöse Anfrage für dieses Angebot, welches aufgrund des zehnmonatigen Trainingsprogramms wieder zurückgezogen wurde.[140]

---

[140] Ebenda.

7. Der Zukunftsmarkt Weltraumtourismus

Die kommerzielle Nutzung des Weltraums haben bereits viele aufstrebende Unternehmen für sich erkannt und versuchen in einem Wettkampf um bessere Technologien weiter zu wachsen und den eigenen Handlungsspielraum zu erweitern. Im Zuge dieses Kapitels sollen Projekte, die sowohl die bemannte Raumfahrt allgemein als auch die touristische Nutzung des Weltraums verändern, verbessern und erweitern können vorgestellt werden. Zudem sollen zukünftige Entwicklungen des Weltraumtourismus betrachtet werden.

7.1. Visionen und Projekte

Nur drei Nationen besitzen die Fähigkeit zur bemannten Raumfahrt. Nach der Einstellung des Space-Shuttle-Programms sind Russland und China die einzigen Nationen mit einem bemannten Zugang zum All. Um, unter anderem unabhängig von russischer Technologie zur ISS fliegen zu können, rief die US-Weltraumbehörde NASA das „Commercial Crew Development" Programm, kurz CCDev-Programm ins Leben. Es soll die Entwicklung von privat betriebenen Raumkapseln vorantreiben, und somit neue Möglichkeiten bieten, um in den „Low Earth Orbit" zu gelangen. Innerhalb des CCDev-Programms hat die NASA mit verschiedenen Firmen Verträge abgeschlossen, um Technologien und Systeme für den bemannten Raumflug zu entwickeln. Zusätzlich zu den bereits erörterten, könnten folgende Weltraumfahrzeuge die bemannte Raumfahrt zukünftig verändern.[141]

CST-100

Im September 2009 unterzeichnete Boeing in Partnerschaft mit Bigelow Aerospace das Angebot des CCDev-Programms der NASA. Ziel ist die Entwicklung und der Bau des Raumschiffs „CST-100" (Crew Space Transportation) zur Versorgung der ISS. Das CST-100 soll Nutzlasten oder Crews bis sieben Personen in eine erdnahe Umlaufbahn transportieren. Es soll bis zu zehn Mal wieder verwendbar und kompatibel zu den gängigsten Trägersystemen sein.[142]

---

[141] Vgl. NASA (2012): http://www.nasa.gov/pdf/628815main..., [30.05.2015]
[142] Vgl. Boeing (2009): http://boeing.mediaroom.com... und FAA (2011): https://www.faa.gov..., [30.05.15]

Abbildung 16: Modell: CST-100
Quelle: Boeing (2015): http://www.boeing.com/space/crew-space-transportation-100-vehicle/, [30.05.2015]

Dragon V2

Dragon ist ein Raumschiff des US-amerikanischen Unternehmens „SpaceX", das mit der Falcon-9-Rakete gestartet wird. Das Privatunternehmen „SpaceX" ist bereits seit mehreren Jahren für die NASA aktiv und führt regelmäßig Versorgungsflüge zur ISS mit der Dragon-Kapsel V1 durch. Im Zuge des CCDev-Programms soll die nächste Generation, Dragon V2 nicht mehr nur Fracht transportieren, sondern bis zu sieben Personen. Die ersten Testflüge sollen in zwei bis drei Jahren stattfinden.[143]

Abbildung 17: Modell: Dragon V2
Quelle: Space Exploration Technologies Corporation (2015):
http://www.spacex.com/sites/spacex/files/6_dragonv2.jpg, [30.05.2015]

---

[143] Vgl. Space Exploration Technologies Corporation (2014): http://www.spacex.com..., [30.05.2015]

Dream Chaser

Der „Dream Chaser" (deutsch: Traumjäger) ist ein in der Entwicklung befindlicher Raumgleiter des Unternehmens „SpaceDev", welches mittlerweile von der „Sierra Nevada Corporation" übernommen wurde. Das Projekt wurde ebenfalls durch das CCDev-Programm der NASA unterstützt und soll, genau wie das Dragon-Raumschiff und CST-100 sieben Astronauten zur internationalen Raumstation bringen können. Nachdem die NASA im September vergangenen Jahres den Auftrag für den Transport von Astronauten zur ISS bereits an Boeing und SpaceX vergeben hat, soll der Dream Chaser überwiegend für Fracht in Einsatz kommen. Bemannte Einsätze in der Zukunft sind jedoch nicht auszuschließen. Ein erster eintägiger unbemannter Testflug in den Erdorbit ist für November 2016 geplant. Falls dieser erfolgreich verläuft, soll 2017 ein bemannter Testflug folgen.[144]

Abbildung 18: Modell: Dream Chaser
Quelle: Sierra Nevada Corporation (o.J.): http://cdn3.spiegel.de/images/image-804962-galleryV9-hwkw.jpg, [30.05.2015]

Mit der Entwicklung neuer und kostengünstigerer Transportmöglichkeiten ins All steigt die Notwendigkeit Touristen einen Aufenthalt im Weltraum zu bieten. Hierfür müssten neben der ISS zusätzliche Stationen errichtet werden. Die folgenden Vorhaben könnten für diesen Zweck genutzt werden, oder wurden sogar speziell für den Weltraumtourismus erdacht.

---

[144] Vgl. Seidler, C. (2015).

The Bigelow Expandable Activity Module, kurz BEAM

Das „Bigelow Expandable Activity Module" bezeichnet ein entfaltbares Modul der privaten Raumfahrtfirma „Bigelow Aerospace", welches noch dieses Jahr im September die internationale Raumstation erweitern soll. Das Testmodul wird dabei in einer komprimierten Form transportiert und entfaltet seine volle Größe von 16 m³ nachdem es an der ISS angekoppelt ist. Die Originalgröße, durch die es in Zukunft nach einem erfolgreichen Test ersetzt werden soll, beträgt 106 m³.[145]

Bereits 2006 und 2007 wurden zwei Testmodule namens „Genesis I" und „Genesis II" erfolgreich gestartet. 2013 wurden dem privaten Raumfahrtunternehmen 17,8 Millionen US-Dollar von der NASA zugesprochen. Im Gegenzug sollte Bigelow ein Erweiterungsmodul für die ISS bauen. Am 12. März 2015 wurde das entfaltbare Modul präsentiert und an die Raumfahrtbehörde übergeben. Der voraussichtliche Start findet am 02. September 2015 statt. BEAM wird mindestens zwei Jahre als Testmodul dienen.[146]

Abbildung 19: Bigelow Expandable Activity Module
Quelle: Bigelow (2015): http://bigelowaerospace.com/images/ba-beam-vertical1.png, [30.05.2015]

Das selbe Konzept verfolgt Bigelow bei der Entwicklung des B330 Moduls. In seiner komprimierten Form wiegt es 20 t und erreicht entfaltet eine Größe von 330 m³. Anders als das für die ISS vorgesehene Modul, bietet B330 Platz für sechs Personen und könnte nicht nur im Weltall für mehr Platz für Menschen sorgen, sondern zudem als Station auf dem Mond und Mars genutzt werden (siehe Abbildung 20 und 21). Durch die sich verbindenden Module kann der Komplex theoretisch beliebig vergrößert oder verkleinert werden. Laut Angaben von Bigelow soll bereits 2017 oder 2018 „Space Station Alpha", eine zusammengesetzte Station bestehend aus

---

[145] Vgl. Bigelow (2015): http://bigelowaerospace.com/beam/, [30.05.2015]
[146] Vgl. Rischer, R. (2015).

zwei B330 Modulen, in den Weltraum transportiert werden.[147] Sollte der Aufbau und die Nutzung der Raumstation erfolgreich verlaufen, sieht Robert Bigelow, Geschäftsführer des Privatunternehmens die Zukunft in einer L1- oder auch Mondbasis.[148] Diese Idee der Verwendung von entfaltbaren oder aufblasbaren Strukturen wurde auch von der NASA für die Zeit nach der internationalen Raumstation vorgeschlagen.[149]

Im Mai 2012 kündigten Bigelow und SpaceX eine Zusammenarbeit an. Die Unternehmen planen Kunden mit Falcon-Raketen zu Bigelow-Stationen im Orbit zu befördern.[150]

Abbildung 20: Moonbase Bigelow
Quelle: In Anlehnung an: Bigelow (2015):
http://i.space.com/images/i/000/025/081/i02/bigelo
w-beam-expandable-space-module-130115c-
02.jpg?1358367299, [30.05.2015]

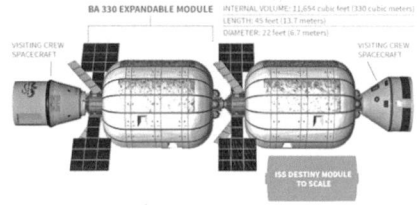

Abbildung 21: The Future: Alpha Station
Quelle: In Anlehnung an: Bigelow (2015):
http://i.space.com/images/i/000/025/081/i02/bigelow-
beam-expandable-space-module-130115c-
02.jpg?1358367299, [30.05.2015]

Commercial Space Station, kurz CSS

Das Unternehmen „RKK Energija" präsentierte 2011 zur Eröffnung der größten russischen Luft- und Raumfahrtmesse „MAKS" ein Modell eines geplanten Weltraumhotels. Betreiber der sogenannten „Commercial Space Station" ist Orbital Technologies. Die Unterkunft, bestehend aus vier Doppelzimmern sollte mit einer Sojus-Rakete rund 350 km über die Erde transportiert werden. Die ersten Gäste sollten schon 2016 die Zimmer beziehen. Seit der zielstrebigen Bekanntgabe ist es jedoch sehr ruhig um das Vorhaben geworden. Es ist zu vermuten, dass das Weltraumhotel vorerst noch nicht aufsteigt.[151]

---

[147] Wang, B. (2014).
[148] Vgl. The Economist (2010): http://www.economist.com/node..., [30.05.2015]
[149] Vgl. Thronson, H. / Talay, T. (2010).
[150] Vgl. Space Exploration Technologies Corporation (2012): http://www.spacex.com..., [30.05.2015]
[151] Vgl. Spiegel Online (2011): http://www.spiegel.de/wissenschaft/weltall/vier-doppel..., [30.05.2015]

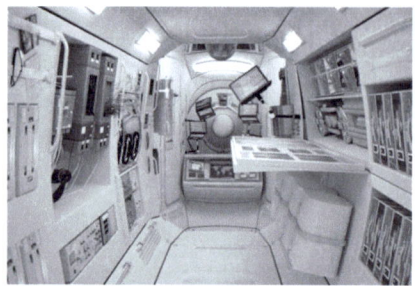 

Abbildung 22: Commercial Space Station von innen
Quelle: Orbital Technologies (2011):
http://orbitaltechnologies.ru/mambots/content/fboxb
ot/thumbs/int31_230x173_72b532292acc0bdf07df7
28b794498f2.jpg, [30.05.2015]

Abbildung 23: Modell: Commercial Space Station von außen
Quelle: Orbital Technologies (2011):
http://orbitaltechnologies.ru/mambots/content/fboxbot
/thumbs/um2_230x184_07e041e3a0891311ae629ce9
2a31bbea.jpg, [30.05.2015]

7.2. Zukünftige Entwicklung des Weltraumtourismus

Es existieren viele Marktstudien, die auf die Frage abzielen, ob es in Zukunft einen ausgeprägten Weltraumtourismus gibt und wie groß dieser bei verschiedenen Preisen für einen Weltraumflug ist. Bereits 1996 veröffentlichte die NASA in Zusammenarbeit mit der „Space Transportation Association" die Studie „General Public Space Travel and Tourism". Die Ergebnisse zeigten, dass bei einem Preis von weit unter 50.000 US-Dollar für einen Weltraumflug rund 500.000 Passagiere im Jahr das Angebot wahrnehmen würden. Der Markt für Weltraumtourismus würde dementsprechend einen Umsatz von zwischen 10 und 20 Milliarden US-Dollar im Jahr verzeichnen.[152]

Eine Studie der US-Beratungsfirma "Futron" aus dem Jahr 2002 zeigt sogar wie der typische Weltraumtourist aussehen wird[153]: 55 Jahre alt und in 72 Prozent männlich. Dabei würden die Interessenten mindestens einen Monat in den Urlaub fahren, 41 Prozent würden Vollzeit arbeiten und nur 23 Prozent Rente beziehen.[154] Futron erwartet bis 2021 rund 15.700 Passagiere, die in den Weltraum reisen möchten, dabei würde der Markt für suborbitale Weltraumflüge auf jährlich 786 Millionen US-Dollar wachsen.

---

[152] Vgl. Space Transportation Association / NASA (1997).
[153] Vgl. Typischer Weltraumtourist (Anhang 4).
[154] Vgl. Futron Marktstudie (2002).

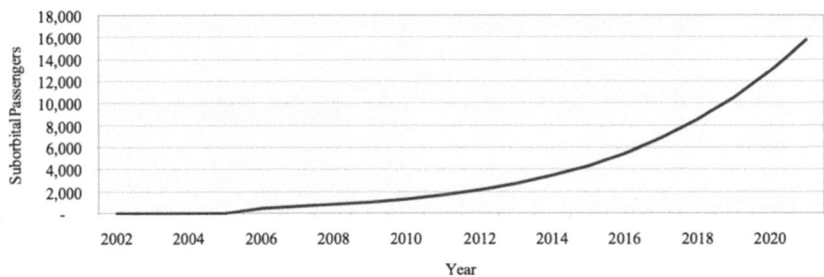

Abbildung 24: Entwicklung der Passagierzahlen suborbitaler Flüge
Quelle: Futron Corporation (2002), S. 3

Orbitale Flüge verzeichnen einen Umsatz von zusätzlichen 300 Millionen US-Dollar im Jahr. Dabei kalkuliert die Firma mit einer Kostenreduktion eines orbitalen Fluges auf rund fünf Millionen US-Dollar und einem geringen Zuwachs von insgesamt nur 60 Passagieren weltweit.[155]

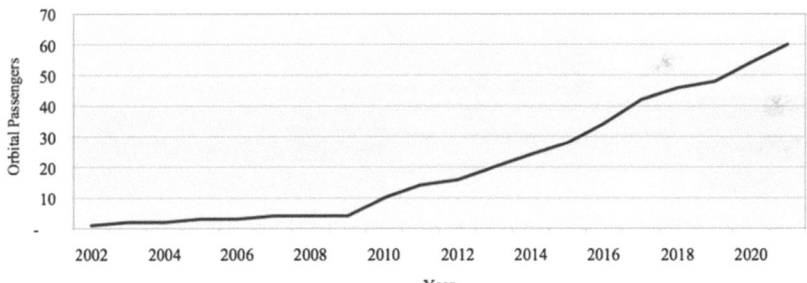

Abbildung 25: Entwicklung der Passagierzahlen orbitaler Flüge
Quelle: Futron Corporation (2002), S. 3

Laut Angaben dieser Studienergebnisse müssten aktuell (2015) rund 4.000 Weltraumtouristen jährlich in suborbitalen Flugzeugen das All bereisen und ca. 27 weitere jährlich in den Orbit starten. Realität ist jedoch, dass erst knapp 550 Menschen den Weltraum mit eigenen Augen gesehen haben, nur sieben davon waren Weltraumtouristen. Zudem befinden sich suborbitale Flugzeuge noch in der Entwicklungsphase.

---

[155] Vgl. Futron Marktstudie (2002).

Obwohl die Ergebnisse aktuell nicht zutreffen, so könnte die abgebildete Entwicklung auf diese Weise stattfinden, wenn auch zeitversetzt. Für eine touristische Erschließung und Nutzung des Weltraums ist die Entwicklung geeigneter Transportmaschinen unabdingbar. Immer mehr private Unternehmen versuchen dieses Segment zu erschließen, um den Weltraumtourismus für die breite Öffentlichkeit zu starten.

„Die Zukunft würde ich beschreiben als glänzend."[156], beschreibt Herr Kraus. „Vor zehn Jahren musste ich den Begriff Parabelflug noch erklären, heute ist es ein bekannter Begriff (...) Suborbitale Flüge würden das Geschäft natürlich vorantreiben, da durch die Einführung Grenzen gebrochen werden würden. Immerhin gäbe es dann einen Flug ins All für den Bruchteil des Preises."[157] Wann genau dieser Sprung stattfindet, will der Experte lieber nicht versuchen zu prognostizieren und verweist darauf, dass der Markt für suborbitale Flüge jederzeit, und überraschend starten könnte.[158]

---

[156] Kraus, T. (2015) / Experteninterview (Anhang 1).
[157] Kraus, T. (2015) / Experteninterview (Anhang 1).
[158] Vgl. Kraus, T. (2015) / Experteninterview (Anhang 1).

8. Fazit

Zu Beginn dieses Buches wurden die wichtigsten Ereignisse in der bemannten Raumfahrt beschrieben und der Weltraumtourismus anhand der Tourismuslehre erörtert. Dabei wurde der Weltraumtourismus hinsichtlich der Grundelemente Zeit, Ort und Motiv untersucht. Zusammen mit einer Erläuterung von weltraumrelevanten Begrifflichkeiten führte dies zu einem einheitlichen Verständnis dieser touristischen Ausprägungsform.

Es bleibt festzuhalten, dass der Beginn des Weltraumtourismus nicht nur durch den erstmaligen Flug eines Touristen ins All festgesetzt werden kann, sondern auch durch die Idee einer Weltraumreise oder terrestrische Weltraumangebote. Im Zuge einer Analyse des aktuellen Entwicklungsstands wurde festgestellt, dass der Weltraumtourismus aktuell überwiegend aus terrestrischen Angeboten besteht. Neben einigen wenigen Parabelflügen und Stratosphärenflügen, die bereits angeboten werden, gibt es viele Pläne hinsichtlich suborbitaler Weltraumflüge. Obwohl in diesem Segment große Fortschritte erzielt wurden und viele Modelle sich in der Entwicklung befinden, gibt es noch keine Möglichkeit einen solchen Flug wahrzunehmen. Orbitale Flüge für Touristen sind eine noch sehr junge Ausprägungsform des Weltraumtourismus. Da der Flugpreis in Höhe von rund 20 Millionen US-Dollar für die große Mehrheit der Bevölkerung nicht bezahlbar ist und bisher nur die ISS als Aufenthaltsort für Besucher dient, kann in diesem Segment noch nicht von einem touristischen Markt gesprochen werden. Bei einem Überblick des weltweiten Anbietermarkts wurde festgestellt, dass insbesondere Russland und die USA große Ambitionen haben die private Raumfahrt zu erschließen und Touristen einen Flug ins All zu ermöglichen.

Eine Untersuchung der Nachfragegruppe für Weltraumtourismus lässt erkennen, dass eine Vielzahl der Bevölkerung einen Trip ins All wahrnehmen würde, allerdings nur zu einem für sie akzeptablen Preis. Als potenzieller Passagier wurde der „extreme" Erlebnistourist klassifiziert. Des Weiteren lässt sich festhalten, dass der Weltraumtourismus der Kategorie Abenteuertourismus zugeordnet und eine Weltraumreise als Extremurlaub bezeichnet werden kann. Neben einer Reichtumsstudie, die das gesellschaftliche Nachfragepotenzial für Weltraumtourismus erfasste, zeigte eine grafische Darstellung die Veränderung, die sich durch eine Preissenkung der Weltraumflüge ergeben würde. Dabei ließ sich bei einer Kostenreduktion des Flugtickets (sowohl orbital, als auch suborbital), eine konstante Erhöhung der Passagierzahlen erkennen. Durch den Einblick in die Nachfragestruktur von European Space Tourist wurden von der Theorie abweichende Zielgruppen erkannt und beschrieben. Dabei war insbesondere die hohe Anzahl an Gewinnspielteilnehmern und Incentive-Gruppen, welche rund ein Drittel der Nachfragegruppe vereinnahmen, unerwartet. Zukunftsprojekte veranschaulichten neue Transportschiffe und Weltraumstationen, die den Weltraumtourismus stark vorantreiben und touristische Angebote erweitern könnten. In Anlehnung an eine Marktstudie von Futron wurde festgestellt, dass der Weltraumtourismus noch nicht in der Stärke vorhanden ist wie früher prognostiziert, aber durchaus das Potenzial hat sich auf diese (positive) Weise zu entwickeln.

Die Kommerzialisierung des Alls ist bereits seit Jahrzehnten zu beobachten. In regelmäßigen Abständen geben private Raumfahrtunternehmen vielversprechende Starttermine für Suborbital-Flüge bekannt und verkaufen Tickets. Umgesetzt wurde jedoch noch keiner der geplanten Flüge. Im Zuge dieser Arbeit wurde deutlich, dass sich zwar ein Markt für Weltraumreisen gebildet hat, jedoch der Beginn des Weltraumtourismus, sprich die tatsächliche touristische Reise ins Weltall noch einige Zeit dauern kann.

Es ist die Meinung des Verfassers, dass sich der Weltraumtourismus erst mit der Entwicklung kostengünstigerer, wiederverwendbarer und einsatzbereiter Raumschiffe entwickeln kann und zu einem starken Markt wachsen wird. Solange dieser Fortschritt ausbleibt, werden Weltraumreisen auch in den nächsten Jahren eher Wunsch als Wirklichkeit bleiben.

Anhang

Anhang 1:   Experteninterview mit Thomas Kraus
Anhang 2:   Pan Am Moon Flight Letter
Anhang 3:   Gesellschaftswandel
Anhang 4:   Typischer Weltraumtourist

Anhang 1: Experteninterview mit Thomas Kraus (2015)

Telefoninterview mit Thomas Kraus von European Space Tourist
Kurzfassung (29.03.2015)

Kann man hinsichtlich Weltraumtourismus bereits von einem Markt sprechen?

„Weltraumtourismus ist noch nicht wirklich ein Markt. Das Angebot besteht abgesehen von den Raumfahrttrainings nur aus Parabelflügen. Hinsichtlich suborbitalen Flügen kann kein Datum genannt werden ab dem Space Adventures diese anbieten kann. Ihre geplanten Flugzeuge waren von „Armadillo", da diese jedoch Pleite gegangen sind steht das Projekt noch in den Sternen. (...) Weltraumtourismus noch kein Markt, aber es zeigt wo es hingeht!"

Daten und Fakten (Parabelflug):

Parabelflüge werden regelmäßig gebucht. Bei 50 Buchungen für Parabelflüge im Jahr ist EST sehr glücklich. Meist sind ca. 8 Passagiere von insgesamt zwischen 20 und 25 Passagieren von EST vermittelt. EST ist größter Kontingentkäufer bei Parabelflügen von Space Adventures. Es gibt eine natürlich schwankende Anzahl an Passagieren, aber die Flüge finden regelmäßig statt. 3 Flüge im Monat normalerweise.

„Eine Zusammenarbeit mit Novespace hätten wir zwar gerne gehabt, aber unter den gegeben Voraussetzungen wollen wir das nicht" - „Novespace passt nicht!" „Wir behandeln unseren „Parabelflieger" als Gäste". Flüge beinhalten Forschungsobjekte. Feststeht: „Wir betreiben keine Forschung, sondern vermitteln ein Erlebnis". Um den Gästen ein einzigartiges Erlebnis zu bieten sorgen wir für absolute Freiheit, sogar Fotografen sind mit an Bord.

Magenbeschwerden aufgrund der wechselnden Gravitationskräfte kommen nur sehr selten vor (ca. 1-2% der Passagiere), das sind starke Ausnahmen die nicht mit Stresssituationen umgehen können. (stressempfindlich). Gefühlt hat sich in den letzten 8-9 Flügen keiner mit derartigen Problemen auseinandersetzen müssen.

Vor und nach dem Parabelflug:

Vorab wird in einem Briefing die Angst genommen, alle Sicherheitsfragen können ausführlich beantwortet werden. Man braucht keine Angst zu haben, aber man sollte Respekt vor der Flugbahn haben (sehr steil). Wenn man die Passagiere im Anschluss fragt wie es war kommt oft als Antwort: „Die Angst war unbegründet, ich hab mich noch nie so sicher gefühlt." (Evtl. erzeugt durch das Gefühl der Schwerelosigkeit)

Parabelflug-Programme:

Wir haben insgesamt 4 Programme:

- nur Parabelflug 5000 Euro.
- Selbstfahrer Reise: (Linienflug, Hotel, Mietwagen, Flug).
- Pauschalreise: (ca. 8 Leute), immer zum Kennedy Space Center, Pauschalreisen haben einen hohes touristisches Rahmenprogramm, inklusive Touren, Astronautenessen, etc.
  Kosten: 9000 Euro.
- Exklusivreise: höchstes touristisches Rahmenprogramm: inklusive Jetflug.

Zielgruppe:

Männlich, Anfang / Mitte 40, bereist (reiseerfahren), erlebnishungrig, technikaffin, fable für Raumfahrt, grenzenlos, schwerelos sein

Dabei teilen sich die von EST teilnehmenden Gäste in :

- 1/3 Gewinner, diese passen gar nicht in die definierte Zielgruppe, da sie willkürlich ausgewählt wurden (durch Gewinnspiele)
- 1/3 Erlebnisjunkies, diese haben bereits alles getan was Adrenalin ausschüttet. Nur Parabelflug kann ihnen etwas neuen / den gewissen Kick geben. Sie sind meist sehr oberflächlich, sobald sie den Parabelflug erlebt haben streben sie nach dem nächsten Erlebnis (Beispiel Helikopterflug).
- 1/3 Space-Fans, Normalbürger mit einem großen Interesse an Weltraumtourismus. Bereiten sich gut vor, können es kaum erwarten zu starten, sind fasziniert von jeder Kleinigkeit, kaum wegzubewegen, würden sich am liebsten ewig dort aufhalten, haben mehr tiefe, fragen nach vielen Details.

→ Von EST vermittelte Passagiere sind zu 90 – 95% Männer, diese zeigen oftmals eine innige Faszination für das Gesehene. Frauen oftmals nur als Begleitperson dabei.

→ Gemeinsamkeiten hinsichtlich dem Grund der Reise gibt es nicht. Sehr unterschiedliche Beweggründe. Einige esoterisch veranlagt: Schwerelosigkeit herrscht überall um uns, ist also die normale Umgebung. Dieser Normalzustand will erlebt werden. Sehr oft wir die Reise als „Erfüllung des Lebenstraums" beschrieben.

Suborbitale Flüge / Orbitale Flüge:

Suborbitale Flüge sind noch nicht im Gange und vorerst noch nicht in Aussicht!! Viele Webseiten / Firmen machen Angaben über voraussichtliche Starts und präsentieren komplexe Pläne. Diese Pläne werden meist, vor allem auch aus immensen finanziellen Gründen niemals realisiert. Beispiel: (Virgin Galactic) Richard Branson musste für die Entwicklung von „SpaceShipOne" 1 Milliarde Euro investieren, und selbst das ist noch nicht abgeschlossen.

Ein Flug zur ISS ist durchaus möglich, wenn man heute buchen würde könnte man bereits Ende nächsten Jahres dort sein. Dem EST liegt keine „Warteliste" vor, in den letzten 6 Jahren gab es nur 1 seriöse Anfrage für diesen Flug, diese wurde jedoch aufgrund des 10-monatigen Trainingsprogramms wieder zurückgezogen. Buchung kann über jedes Reiserecht abgeschlossen werden, je nach dem wie der Kunde es wünscht.
Bei Space Adventures hingegen liegt eine Liste vor. Im Falle eines Ausfalls des geplanten Passagiers kann somit schnell ein „Backup Passagier" (falls noch genügend Zeit vorhanden) den Platz einnehmen. Insgesamt gibt es 2 Flüge pro Jahr zur ISS mit jeweils 3 Plätzen, ob diese frei sind weiß man immer nicht sicher, da sich kurzfristige Änderungen ergeben könnten.

Zukunftserwartungen:

Um als privates Unternehmen mitzuhalten braucht man eine Portion „Herzblut" und die finanziellen Mittel. „Die Zukunft würde ich beschreiben als glänzend. Vor 10 Jahren musste ich den Begriff Parabelflug noch erklären, heute ist es ein bekannter Begriff." Die Flüge erfahren eine jährliche Zunahme, und es steigt noch weiter. „Suborbitale Flüge würden das Geschäft natürlich pushen, da durch diese Einführung Grenzen gebrochen werden würden. Immerhin gäbe es dann einen Flug ins All für den Bruchteil des Preises." Wann diese Flüge eingeführt werden kann man nicht sagen. Wenn ich mir recht erinnere gibt es sie schon seit 2007 (ironisch)? Ich möchte aber nichts ausschließen, es kann jederzeit Überraschungen geben. Erfolgreiche Flüge ins All kann es in 2 Jahren aber auch in 5 Jahren oder später geben, wir werden warten müssen und auf das Beste hoffen.

Anhang 2: Pan Am Moon Flight Letter

Venditti, Robert (2010): http://robertvenditti.com/wp-content/uploads/2010/02/Pan-Am-Moon-Flight-Letter.jpg, [30.05.2015]

Anhang 3: Gesellschaftswandel

Steinecke, Univ.-Prof. Dr.Albrecht (2009). Themenwelten im Tourismus; Marktstrukturen – Marketing-Management – Trends. München: Oldenbourg Verlag, S.31

Anhang 4: Typischer Weltraumtourist

Futron Corporation (2002): Space tourism market study; Orbital space travel & destinations with suborbital space travel. Bethesda, Maryland: Fultron Corporation, S.1

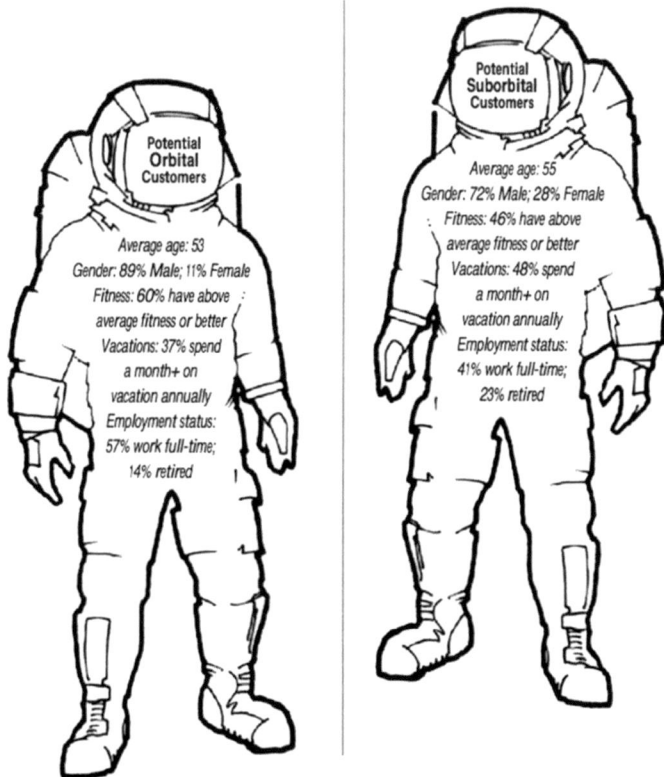

Literaturverzeichnis

Monographien

Bachleitner, Reinhard / Kiefl, Walter (2005). Lexikon zur Tourismussoziologie. München/Wien: Profil Verlag

Dorfmüller, Thomas / Bergmann, Ludwig / Schaefer, Clemens (1998). Mechanik, Relativität, Wärme. 11. Auflage. Berlin: Walter de Gruyter Verlag

Freyer, Walter (2015). Tourismus: Einführung in die Fremdenverkehrsökonomie. 11. Auflage. Berlin: Walter de Gruyter Verlag

Friedl, Harald, A. (2002): Tourismusethik; Theorie und Praxis des umwelt- und sozialverträglichen Fernreisens. Wien: Profil Verlag

Glover, Linda K. / Chaikin, Andrew / Daniels, Patricia S. (2005). Die große National-Geographic-Enzyklopädie Weltall. Hamburg: National Geographic Deutschland

Goehlich, Robert A. (2002): S.P.A.C.E. Tourism; Economic and Technical Evaluation of Suborbital S.P.A.C.E. Flight for Tourism. Osnabrück: Der andere Verlag

Klußmann, Niels / Malik, Arnim (2004): Lexikon der Luftfahrt. Berlin: Springer Verlag

Ladgevardi, Ramyar (2012): Bewusstsein und Wahrnehmung; Ein kluger Leitfaden für ein längeres Leben. Norderstedt: Books on Demand.

McColl, R. W. (2005): Encyclopedia of World Geography. New York: Golson Books

Orlebar, Christopher (2004): The Concorde Story. 6. Auflage. Oxford: Osprey Publishing Limited

Puttkamer, Jesco (2001): Von Apollo zur ISS; Eine Geschichte der Raumfahrt. München: Herbig Verlag

Randolph, Joanne (2003): Dennis Tito; First Space Tourist. New York: The Rosen Publishing Group Inc.

Seedhouse, Erik (2015): Virgin Galactic; The first ten years. Cham: Springer International

Steinecke, Univ.-Prof. Dr.Albrecht (2009). Themenwelten im Tourismus; Marktstrukturen – Marketing-Management – Trends. München: Oldenbourg Verlag

Swarbrooke, John / Beard, Colin / Leckie, Suzanne / Pomfret, Gill (2003): Adventure Tourism; The New Frontier. London: Routledge

Van Pelt, Michel (2005): Space Tourism; Adventures in Earth Orbit and Beyond. New York: Copernicus Books

Beiträge in Sammelbänden

Goehlich, Robert A. (2005). A Ticket pricing strategy for an oligopolistic space tourism market. In: Humboldt University at Berlin / School of Business and Economics / Walther Rathenau Institute for Organization Theory. Space Policy 21. Berlin: Elsevier. S. 293-306

Goehlich, Robert A. (2007). Space Tourism. In: Conrady, R. / Buck, M. (Hrsg.). Trends and Issues in Global Tourism 2007. Berlin: Springer Verlag. S. 213-226.

Rosenstiel, L. von (1995): Wertewandel. In: v. Kieser, A. / Reber, G. / Wunderer, R. (Hrsg.). Handwörterbuch der Führung, 2. Auflage. Stuttgart, Sp. 2175 – 2189

Wissenschaftliche Zeitschriften

Der Spiegel (1985). Ins Schwarze; Ein amerikanischer Touristikmanager offeriert die ersten Pauschalreisen ins All. In: Der Spiegel: Heft: 49/1985, SPIEGEL-Verlag Rudolf Augstein GmbH & Co. KG, S. 245

Freyer, Walter / Groß, Sven (2005). Weltraumtourismus – Status Quo und Zukunft der Entwicklung. In: Wissenschaftliche Zeitschrift der TU Dresden 01-02/2005, S. 32-38

Muller, T. E. / Cleaver, M. (2000). Targeting the CANZUS baby boomer explorer and adventurer segments. In: Journal of Vacation Marketing, 6 (2), S. 154 - 169

Welttourismusorganisation (1993). Empfehlungen zur Tourismusstatistik, Madrid

Marktstudien

Adventure Travel Trade Association / The George Washington University (2013): Adventure Tourism Market Study (2013)

Capgemini / RBC Wealth Management (2014): World Wealth Report 2014.

Futron Corporation (2002): Space tourism market study; Orbital space travel & destinations with suborbital space travel. Bethesda, Maryland: Fultron Corporation. S. 6-8.

Space Transportation Association / NASA (1997): General Public Space Travel and Tourism; Executive Summary. Volume 1.

Webber, Derek / Spaceport Associates (2008): Point-to-Point Sub-orbital Space Tourism; Some Initial Considerations. 1st IAA Symposium on Private Manned Access to Space – Arcachon, 28-30 May 2008

Diplomarbeiten / Dissertationen

Girgenrath, Michaela (2004). Einfluss von sensorischer Information und Zeitvorgaben auf Greifbewegungen und deren Modifikation unter veränderter Schwerkraft. Doktorarbeit/Dissertation, Deutsche Sporthochschule, Köln

Elektronische Medien

Aj Sokkolov, Daniel (2014): SpaceShipTwo: Virgin Galactic bestätigt Todesfall, http://www.heise.de/newsticker/meldung/SpaceShipTwo-Virgin-Galactic-bestaetigt-Todesfall-2440768.html, [30.05.2015]

Augsburger Allgemeine (o.Z.): China stellt in Wenchang seinen vierten Weltraumbahnhof fertig, http://www.augsburger-allgemeine.de/community/profile/40plus/China-stellt-in-Wenchang-seinen-vierten-Weltraumbahnhof-fertig-id31728077.html, [30.05.2015]

Bigelow (2015): BEAM, http://bigelowaerospace.com/beam/, [30.05.2015]

Billiger Reisen (2013): Tourismus im All: Nun auch Weltraumspaziergänge im Angebot, http://www.biligerreisen.com/tourismus-im-all-nun-auch-weltraumspaziergange-im-angebot.html, [30.05.2015]

Boeing (2009): Press Release: Boeing Submits Proposal for NASA Commercial Crew Transport System, http://boeing.mediaroom.com/index.php?s=20295&item=849, [30.05.2015]

Capgemini (2014): World Wealth Report 2014: Fast zwei Millionen Millionäre mehr, https://www.de.capgemini.com/news/world-wealth-report-2014-fast-zwei-millionen-millionaere-mehr, [30.05.2015]

Country of Tourism (2015): Stratosphärenflug Kapstadt, http://www.bestrussiantour.com/de/jet_flights/stratosphaerenflug_kapstadt, [30.05.2015]

Dallos, Robert E. (1985): Pan Am has 90,002 Reservations: Public Interest Grows in Flights to the Moon. http://articles.latimes.com/1985-02-10/business/fi-3559_1_public-interest, [30.05.2015]

Deutsches Zentrum für Luft- und Raumfahrt (2011): SOFIA - Das fliegende Infrarot-Observatorium, http://www.dlr.de/dlr/desktopdefault.aspx/tabid-10465/706_read-264/#/gallery/284, [30.05.2015]

Deutsches Zentrum für Luft- und Raumfahrt (2012): HALO Gulfstream G 550, http://www.dlr.de/dlr/desktopdefault.aspx/tabid-10203/339_read-268#/gallery/136, [30.05.2015]

Dimas Technologies (2015): Wie funktioniert´s? Ein kurzer Exkurs in die Technik, http://www.weltraumwerbung.com/pages/technik.php, [30.05.2015]

Donald Williams, zitiert nach: Jane Engelsiepen (2013): Earth Overview Effect, http://www.ecology.com/2013/04/17/earth-overview-effect/, [30.05.2015]

Enzyklo (2015): Definition Weltraumbahnhof: http://www.enzyklo.de/Begriff/Weltraumbahnhof, [30.05.2015]

European Space Agency (2009): Euronews: Europäischer Weltraumbahnhof – die Zukunft, http://www.esa.int/ger/ESA_in_your_country/Germany/Euronews_Europaeischer_Weltraumbahnhof_die_Zukunft, [30.05.2015]

European Space Agency (2015): What is ESA?, http://www.esa.int/About_Us/Welcome_to_ESA/What_is_ESA, [30.05.2015]

European Space Tourist (2015): Neuigkeiten, http://european-space-tourist.com/Neuigkeiten, [30.05.2015]

European Space Tourist (2015): Moon Flight – Der private Flug zum Mond, http://european-space-tourist.com/Moon-Flight, [30.05.2015]

European Space Tourist (2015): Zero-G Flights, http://european-space-tourist.com/Zero-G-Flights/Exclusive-Reise-%28inkl.-Jet-Flug%29, [30.05.2015]

FAA (2011): 2011 U.S. Commercial Space Transportation Developments and Concepts: Vehicles, Technologies and Spaceports, https://www.faa.gov/about/office_org/headquarters_offices/ast/media/2011%20DevCon%20Report.pdf, S. 44f. [30.05.2015]

Florida Services & Information (2013): Space Center: http://www.florida-informations.com/space_center.htm, [30.05.2015]

Focus Online (2014): Indien schreibt Geschichte; Erste asiatische Weltraumsonde umkreist den Mars, http://www.focus.de/wissen/weltraum/raumfahrt/indien-schreibt-geschichte-indische-weltraumsonde-erreicht-umlaufbahn-des-mars_id_4155775.html, [30.05.2015]

Frankfurter Allgemeine (2014): Branson hält am Weltraumtourismus fest, http://www.faz.net/aktuell/gesellschaft/ungluecke/trotz-des-absturzes-von-spaceship-two-haelt-branson-am-weltraumtourismus-fest-13242144.html, [30.05.2015]

Friedrich, Ulrike (2014): DLR-Parabelflug - Schwerelos für 22 Sekunden, http://www.dlr.de/rd/desktopdefault.aspx/tabid-2282/3421_read-5230/, [30.05.2015]

Fuchs, Martin (2012): Reisestudie: Der Reiz von extremen Abenteuerreisen, http://www.marcopolo.de/reise-news/detail/reisestudie-der-reiz-von-extremen-abenteuerreisen.html#.VUSo7WZDmX4, [30.05.2015]

Haltinner Group (2015): Unser Weg in den Weltraum, http://www.space-experiences.com/de/mission-control/neuigkeiten/unser-weg-in-den-weltraum.html, [30.05.2015]

Haltinner Group (2015): Über uns, http://www.space-experiences.com/de/mission-control/ueber-uns/, [30.05.2015]

Hanlon, Mike (2006): Space Adventures announces Spaceport development project in UAE, http://www.gizmag.com/go/5226/, [30.05.2015]

Hegmann, Gerhard (2014): Diesen Fallschirm hätte Baumgartner auch gern gehabt, http://www.welt.de/wirtschaft/webwelt/article133654858/Den-Fallschirm-haette-Baumgartner-auch-gern-gehabt.html, [30.05.2015]

Hegmann, Gerhard / Trentmann Nina (2014): Briten wollen eigenen Weltraumbahnhof bauen, http://www.welt.de/wirtschaft/article130186126/Briten-wollen-eigenen-Weltraumbahnhof-bauen.html, [30.05.2015]

Kowalski, Gerhard (2014): Baustelle Wostotschnij: Schlamperei auf Putins Weltraumbahnhof, http://www.spiegel.de/wissenschaft/weltall/putin-bau-weltraumbahnhof-wostotschnij-verzoegert-sich-a-991332.html, [30.05.2015]

Kulke Ulli (2005): Baikonur, der größte Weltraumbahnhof der Erde, http://www.welt.de/print-welt/article673706/Baikonur-der-groesste-Weltraumbahnhof-der-Erde.html, [30.05.2015]

MIGFlug & Adventures (2015): MIG-29-Stratosphärenflug, http://www.migflug.com/jet-fluege/mitflug-im-jet/mig-29-edge-of-space.html, [30.05.2015]

NASA (2012): Commercial Crew Program; NASA facts, http://www.nasa.gov/pdf/628815main_2012.03.09_CCP_FINAL.pdf, [30.05.2015]

NASA (2015): Facts and Figures, http://www.nasa.gov/mission_pages/station/main/onthestation/facts_and_figures.html, [30.05.2015]

N-tv (2014): Ein paar Minuten Schwerelosigkeit; China verkauft Raumfahrt-Tickets, http://www.n-tv.de/panorama/China-verkauft-Raumfahrt-Tickets-article13014181.html, [30.05.2015]

N-tv (2014): Jeder dritte Deutsche möchte ins All, http://www.n-tv.de/wissen/Ein-Drittel-der-Deutschen-wuerde-ins-All-fliegen-zwei-Drittel-glauben-an-ausserirdisches-Leben-article12642016.html, [30.05.2015]

Odrich, Peter (2014): Abu Dhabi plant eigenen Weltraumbahnhof und Mars-Mission 2021, http://www.ingenieur.de/Branchen/Luft-Raumfahrt/Abu-Dhabi-plant-eigenen-Weltraumbahnhof-Mars-Mission-2021, [30.05.2015]

Popova, Yulija (2012): The dated future of Russia´s Star City, http://www.bbc.com/travel/story/20120919-the-dated-future-of-russias-star-city, [30.05.2015]

Reisebuch (2013): Extremurlaub oder Abenteuerurlaub – Trends und Ursachen, http://reisebuch.de/travel_news/aktuell/extremurlaub_trends_risiken.html, [30.05.2015]

Rischer, Roland (2015): Noch ein ISS-Modul: BEAM fertiggestellt, http://www.raumfahrer.net/news/raumfahrt/16032015201252.shtml, [30.05.2015]

Schweden bereisen (2007): Weltraumbahnhof Esrange, http://www.schweden-bereisen.de/pages/schweden-lexikon/weltraumbahnhof-esrange.php, [30.05.2015]

Seidler, Christoph (2015): Dream Chaser: Raumfähre bekommt faltbare Flügel, http://www.spiegel.de/wissenschaft/weltall/dream-chaser-weltraumfrachter-bekommt-falt-fluegel-a-1024532.html, [30.05.2015]

Space Exploration Technologies Corporation (2012): Press Release: SpaceX and Bigelow Aerospace Join Forces to Offer Crewed Missions to Private Space Stations, http://www.spacex.com/press/2012/12/19/spacex-and-bigelow-aerospace-join-forces-offer-crewed-missions-private-space, [30.05.2015]

Space Exploration Technologies Corporation (2014): Dragon Verson 2: Spacex´s next generation manned spacecraft, http://www.spacex.com/news/2014/05/30/dragon-v2-spacexs-next-generation-manned-spacecraft, [30.05.2015]

Space Adventures (2015): Circumlunar Mission, http://www.spaceadventures.com/experiences/circumlunar-mission/, [30.05.2015]

Space Adventures (2015): Space Station, http://www.spaceadventures.com/experiences/space-station/, [30.05.2015]

Space Adventures (2015): Zero Gravity Flight, http://www.spaceadventures.com/experiences/zero-gravity-flight/, [30.05.2015]

Spiegel Online (2004): Historischer Flug: "Space Ship One" gewinnt den "X-Prize", http://www.spiegel.de/wissenschaft/weltall/historischer-flug-space-ship-one-gewinnt-den-x-prize-a-321415.html, [30.05.2015]

Spiegel Online (2011): Vier Doppelzimmer im All: Russisches Weltraum-Hotel soll 2016 starten, http://www.spiegel.de/wissenschaft/weltall/vier-doppelzimmer-im-all-russisches-weltraum-hotel-soll-2016-starten-a-780392.html, [30.05.2015]

Spiegel Online (2013):Europa-Premiere: Französisches Flugzeug starten zu Parabelflug mit Touristen, http://www.spiegel.de/reise/europa/erstmals-in-europa-parabelflug-mit-touristen-a-889152.html, [30.05.2015]

Spiegel Online (2014): Indien schießt erfolgreich Kapsel für Raumfahrt ins All, http://www.spiegel.de/wissenschaft/technik/indien-schiesst-erfolgreich-kapsel-fuer-raumfahrt-ins-all-a-1009197.html, [30.05.2015]

Spiegel Online (2014): "SpaceShipOne": Vor zehn Jahren begann Ära privater Raumfahrt, http://www.spiegel.de/wissenschaft/weltall/spaceshipone-vor-zehn-jahren-begann-aera-privater-raumfahrt-a-975390.html, [30.05.2015]

Sputnik (2015): Medien: Arabische Emirate wollen Russlands schwimmenden Weltraumbahnhof kaufen, http://de.sputniknews.com/panorama/20150325/301648612.html, [30.05.2015]

Statista (2015): Weltbevölkerung von 1950 – 2015, http://de.statista.com/statistik/daten/studie/1716/umfrage/entwicklung-der-weltbevoelkerung/, [30.05.2015]

Süddeutsche Zeitung (2010), Die Partner und ihre Beteiligung am Projekt, http://www.sueddeutsche.de/wissen/die-internationale-raumstation-iss-die-partner-und-ihre-beteiligung-am-projekt-1.606897, [30.05.2015]

The Economist (2010): Moon dreams, http://www.economist.com/node/15543675?story_id=15543675, [30.05.2015]

The Guardian (2013): China lands three astronauts on Tiangong-1 space station, http://www.theguardian.com/world/2013/jun/13/china-astronauts-tiangong-1-space-station, [30.05.2015]

Thronson, Harley / Talay Ted (2010): „Gateway architechtures: a major „Flexible Path" step to the moon and mars after the International Space Station?, http://www.thespacereview.com/article/1561/1, [30.05.2015]

Virgin Galactic (2015): Human Spaceflights, http://www.virgingalactic.com/human-spaceflight/, [30.05.2015]

Wall, Mike (2011): First Space Tourist: How a U.S. Millionaire bought a Ticket to Orbit, http://www.space.com/11492-space-tourism-pioneer-dennis-tito.html, [30.05.2015]

Wang, Brian (2014): Bigelow Aerospace is hiring and targeting Inflatable Space Station Alpha to start launching in about 2017 or 2018, http://nextbigfuture.com/2014/08/bigelow-aerospace-is-hiring-and.html, [30.05.2015]

WeltN24 (2006): Neuer Trend bei Superreichen: die eigene Fluggesellschaft für Trips ins All, http://www.welt.de/wirtschaft/article96850/Neuer-Trend-bei-Superreichen-die-eigene-Fluggesellschaft-fuer-Trips-ins-All.html, [30.05.2015]

WeltN24 (2007): Weltraumtourismus ist noch Zukunftsmusik, http://www.welt.de/reise/article803594/Weltraumtourismus-ist-noch-Zukunftsmusik.html, [30.05.2015]

WeltN24 (2011): Gagarin hatte bei Pionierflug Pistole mit an Bord, http://www.welt.de/wissenschaft/weltraum/article12987222/Gagarin-hatte-bei-Pionierflug-Pistole-mit-an-Bord.html, [30.05.2015]

XCOR Aerospace (2014): Press Release: XCOR Aerospace Acquires Space Expedition Corporation, http://www.xcor.com/press/2014/14-06-30_xcor_acquires_space_expedition_corporation.html, [30.05.2015]

XCOR Aerospace (2015): Spacecraft, http://xcormissions.com/spacecraft/, [30.05.2015]

XCOR Aerospace (2015): The Flight, http://xcormissions.com/the-flight/, [30.05.2015]

XCOR Aerospace (o.Z.): Purchase a Ticket to Space Aboard Lynx, http://xcor.com/flytospace/, [30.05.2015]

Xprize Foundation (2015): Ansari X Prize, http://ansari.xprize.org/teams, [30.05.2015]

Zeit Online (2002): Abtauchen ins Spektakel. http://www.zeit.de/2002/03/200203_z-reise_xml, [30.05.2015]

Zeit Online (2014): NASA will vier weitere Jahre auf ISS forschen, http://www.zeit.de/wissen/2014-01/nasa-iss-bis-2024, [30.05.2015]

Österreichischer Rundfunk (2011): Raumstation ISS ist fertig - Kosten von 70 Mrd. Euro, http://orf.at/stories/2060726/, [30.05.2015]